# 梵·高的伦敦时光 1873～1876

How I Love London

［荷］克里斯汀·格罗哈特
Kristine Groenhart
威廉-扬·沃尔林登　著
Willem-Jan Verlinden

吕延茜　译

西苑出版社
XIYUAN PUBLISHING HOUSE
2016年·北京

图书在版编目（CIP）数据

梵·高的伦敦时光：1873 ~ 1876 /（荷）格罗哈特，（荷）沃尔林登著；吕延茜译．—北京：西苑出版社，2016.3
ISBN 978-7-5151-0522-2
书名原文：How I Love London

Ⅰ．①梵…　Ⅱ．①格…　②沃…　③吕…　Ⅲ．①凡高，V.（1853 ~ 1890）—传记　②旅游指南—伦敦　Ⅳ．① K835.635.72　② K956.19

中国版本图书馆 CIP 数据核字（2015）第 225763 号

**梵·高的伦敦时光（1873～1876）**

著　　者　［荷］克里斯汀·格罗哈特　威廉–扬·沃尔林登
译　　者　吕延茜
责任编辑　李　涛
出版发行　西苑出版社
通讯地址　北京市朝阳区利泽东二路3号
邮政编码　100102
电　　话　010–57280420
传　　真　010–88637120
网　　址　www.xiyuanpublishinghouse.com
印　　刷　大厂回族自治县德诚印务有限公司
经　　销　全国新华书店
开　　本　880毫米 × 1230毫米　1/32
字　　数　130千字
印　　张　6.5
版　　次　2016年3月第1版
印　　次　2016年3月第1次印刷
书　　号　ISBN 978-7-5151-0522-2
定　　价　39.80元

# 前言

# Preface

1873 至 1876 年，除几次短暂的外出旅游，梵·高大多数时间都生活在伦敦。作为一个热衷写信交流的人，梵·高始终与家人和朋友保持着书信往来。在 19 世纪，书信以其方便快捷的特点成为了主要的交流方式。维多利亚时代的伦敦，邮差每天会投递信件 6 至 12 次。庆幸的是，当年梵·高所写的那些活泼有趣的信件有很大一部分被保留了下来，现有 819 封确定出自梵·高之手，另有 83 封收信人是他。这 902 封信为我们了解梵·高的一生提供了一个相当详细的蓝本。[①] 阅读这些信件，我们可以非常准确地追寻梵·高在维多利亚时代的伦敦的许多生活轨迹。

然而令人诧异的是，有关梵·高这几年的伦敦生活，我们所知甚少，鲜有书籍涉及此间，尤其是他离开荷兰的生活。

---

① 所有这些信件都可以在 www.vangoghletters.org 查阅。该网站制作精良，由梵·高博物馆和惠更斯荷兰历史研究所共同维护。——原注

此时此刻，你们手里拿着的正是第一本关于梵·高在伦敦生活的记录。在研究期间，我们也过眼了一些英文书籍，当中也有部分内容关注梵·高传记中的英国生活，我们很乐意与之进行探讨。

在大量的梵·高研究文献中，他的伦敦生活鲜少受到关注，也许是因为当时的他没有画作问世。但这一阶段里，梵·高并未荒废画业，有一些草图保留下来，且主要是对他居留英国期间所走访的一些地点的描绘，比如位于伦敦的荷兰奥斯丁会教堂，以及他曾小住过的位于肯特郡拉姆斯盖特的一间小屋。

1869 年 7 月 30 日，年仅 16 岁的梵·高在海牙的古庇画行找到了一份工作。1873 年 5 月 19 日，梵·高在古庇画行工作近四年之后，被派往伦敦分店工作，时间自同年 6 月开始。伦敦的古庇画行位于科芬园南安普顿大街。工作几个月之后，梵·高搬进了布里克斯顿区海克福德路的一间屋子。至于他初到伦敦时的住所，我们已无从得知。期间，虽然梵·高曾短暂辗转于巴黎与荷兰，但整体来说一直在伦敦生活至 1876 年。1876 年底，在外派巴黎、荷兰工作 11 个月之后，梵·高对艺术品交易日渐失望，旋即返回英国。这次，他成了一名教师，受雇于威廉姆·斯托克斯先生，任教于拉姆斯盖特（肯特郡东部的沿海城市）的一所男子寄宿学校。1876 年 6 月，斯托克斯先生在伦敦西部的艾勒沃斯新办了一所学校，聘请了失业的梵·高。然而，不久之后，梵·高在另一所学校找到了一份教学的工作，相同的大街，不同的校长——琼斯先生。

不久之后，梵·高多了一项副业——特威克纳姆的助理牧师，同时在奇斯威克的主日学校[①]教学，同样都在伦敦西部。

1876年12月20日，圣诞节前夕，梵·高决定离开英国返回荷兰。在一封寄自多德雷赫特（当时梵·高在此地的包乐史与范百兰出版公司做销售）的信件中，他对弟弟提奥说："周日我写信告诉琼斯先生和他的太太，我不会再回来了。"后来的事就众所周知了。

在一封梵·高刚到伦敦不久所写的信件中，他提到自己参观了英国皇家艺术学院夏季展览，这引起了我们的好奇心，我们满怀期望地坐上了从南安普顿（我的居住地）到伦敦的火车，然后买了那年夏季展览的门票。这是去往英国皇家艺术学院所在地——美丽的伯灵顿宫的旅途中的一站，写这本书的灵感也来自于此。我们继续阅读梵·高的伦敦书信，发现当中出现的许多梵·高曾去过的博物馆、公园和教堂至今仍在，他慕名前去观看的画作仍挂在相同的位置，几乎所有他曾经提到的建筑都安然伫立。一个写作计划就这样诞生了——跟随梵·高的脚步，故地重游。其中涉及的故事都出自他自己的文字以及他人的讲述。

本书分为两部分：上部是以梵·高的书信为指引，描述了梵·高眼中所见的英国伦敦；下部将会给读者提供各个博物馆的旅行线路，徜徉其中，大家依然可以欣赏到梵·高当年看到过的油画。

---

① 主日学校（Sunday school）：又名礼拜日学校。英、美诸国在星期日为贫民开办的初等教育机构。兴起于18世纪末，盛行于19世纪上半叶。——译者注

我们也曾自问，梵·高眼中的伦敦是什么样子？当梵·高漫步于伦敦街巷时，眼中的风景又是如何变化的？从年轻的梵·高的信件中不难看出，其时，他已经开始以画家的目光观察身处的环境了：

> 每天清晨和夜晚，我都会走过威斯敏斯特大桥。我知道当太阳从威斯敏斯特大教堂和国会大厦后面沉落下去时的样子，也知晓它清晨的模样，以及冬日大雪雾气笼罩下的姿态。

穿行于伦敦，手中拿着梵·高书信作为指引，你会发现140年间这里的变化微乎其微，伦敦大部分地区仍然葆有维多利亚时代的气息。如果时光倒流，你愿意追随梵高的足迹吗？一个穿越时空的现代旅行者沿着梵·高的足迹，沿途会偶遇什么？梵·高住在哪儿？梵·高在哪儿工作？你将如何站在梵·高的面前，作为一个外国人？

本书中所涉及的油画作品以博物馆——特别是如今仍然坐落于伦敦的博物馆——为线索串联起来。书里收录的画作，有一部分是我们都确信梵·高曾看到过的，一部分是他很有可能看到过的，还有一部分是也许他曾看到过的。我们也会讨论梵·高自己的一幅出色的画作，它至今仍挂在伦敦的博物馆的墙上。我们将挑选范围限定在伦敦的博物馆的永久藏品中，它们至今仍出现在大众的视野里，这样读者就可以亲自探溯梵·高对英国以及世界艺术的探究历程。

鉴于博物馆的画作常常互借展出，又或者是收藏于仓库中、正在修复等原因，当你去到我们所推荐的博物馆时，可能暂时无法看到那些画作，对此我们感到非常抱歉，比如写作这部书时，泰特美术馆正在进行耗时数年的大规模翻修。

我们敢说，梵·高在伦敦所经历的这一切，都对他后来的创作产生了很大的影响：因为他常常游览伦敦的各种美术馆和博物馆，比如国家美术馆、泰特美术馆、达利奇美术馆等，在这些地方他也结识了许多优秀的画家。梵·高被《伦敦新闻画报》和《图画报》之类报刊上那些黑白图画深深地吸引，也会将其剪下用来装饰房间。这些画作通常表现的是伦敦贫穷阶层、乞丐、济贫院[①]的残酷的生活境况。梵·高通过阅读来了解英国文学，尤其是乔治·艾略特和查尔斯·狄更斯。梵·高在书中所体会到的人物性格和情绪氛围都会体现在他后来的绘画作品中。

梵·高在英国的生活为他提供了一个观察视角，与他的宗教信仰相契合：对伦敦穷人处境的同情与悲哀，促使他迫切希望社会公正。这一点，我们可以从梵·高从事神职奔走英国，向劳动阶级教众布道上看出来，但这种奔波，同样也阻碍了他谋求生计。

2013年5月

① 济贫院：为穷人提供工作、为弱者提供生计的机构，它起源于济贫法。济贫院遵守“劣等处置”和“济贫院检验”两大原则，目的是使穷人更倾向于在院外自立生活。20世纪上半叶，社会福利政策和社会保障制度逐步取代了济贫院制度。——译者注

• 梵·高《盛开的桃花》

# 目录 CONTENTS

## PART 1 上部 梵·高在维多利亚时代的伦敦

## PART II 下部　伦敦的博物馆

# Part 1

上部

梵·高在维多利亚时代的伦敦
VINCENT VAN GOGH IN VICTORIAN LONDON

## ■ 离别的忧伤

——穿行在19世纪

旅游业兴起伊始，伦敦便吸引了大批游客前来观光。时至今日，到伦敦旅行变得更加便捷，游客可以从阿姆斯特丹①乘坐欧洲之星高速列车②经布鲁塞尔③直达伦敦，全程不到五小时。然而，在文森特·梵·高的年代，情况可大不相同。1873至1876年间，梵·高先后四次忍受着长途旅行带来的不适，奔赴英国，不是为了观光，而是为了生活和工作。

1873年5月12日，星期一，梵·高离开故乡海尔福伊

① 阿姆斯特丹（Amsterdam）：荷兰首都，荷兰最大的城市和第二大港口，位于荷兰西部的荷兰省。——译者注

② 欧洲之星：连接英国伦敦圣潘可拉斯的车站（2007年11月14日后改为此站）与法国巴黎（北站）、里尔以及比利时布鲁塞尔（南站）的高速铁路服务。——译者注

③ 布鲁塞尔（Brussel）：比利时首都和最大的城市，也是欧盟的主要行政机构所在地，有“欧洲的首都”之称。欧盟北约的总部在此安营，另外还有200多个国际行政中心及超过1000个官方团体在此设立办事处，每年名目繁多的国际会议在此召开。——译者注

特[1]，第一次奔赴伦敦。梵·高取道布鲁塞尔，并在巴黎停留了数日，方才抵达伦敦。我们无从得知那个周一早晨梵·高几点离开家，他大概是步行到离家最近，却也有8公里远的奥斯特韦克[2]车站，也可能是乘马车或者搭运货马车的便车去的，这些我们都无从得知。但是，我们却可以知道梵·高抵达布鲁塞尔车站的时间。在一封日期标为1873年5月9日（星期五），给弟弟提奥的信中，梵·高这样写道：

星期一早晨我将离开海尔福伊特去巴黎，（次日）凌晨2：07经过布鲁塞尔。如果可以，你一定要来车站接我，我会非常高兴的。

梵·高乘坐的列车到达布鲁塞尔北站，他要在布鲁塞尔南站换乘下午2：35的火车去巴黎，到站时间是晚上9：05，这意味着从布鲁塞尔到终点站巴黎依然有六个半小时的车程。

其时，乘火车旅行，尤其是出国旅行，仍然是一件新鲜事儿，大多数人会选择公共马车或是渡轮，抑或是马拉拖船[3]。不过，工业革命带来了很多的新发明，蒸汽

① 海尔福伊特（Helvoirt）：位于荷兰北布拉班特省，该市一直是独立市，直到1996年并入哈伦（Haaren）。1871至1875年，梵·高的父亲在此任荷兰归正教会的牧师。——译者注

② 奥斯特韦克（Oisterwijk）：荷兰南部城市。——译者注

③ 马拉拖船（horse drawn tow boats）：当时一种流行的公共交通方式，利用运河和内陆水道之间复杂的相互交织来联通。河岸旁的小路就是给马拉拖船的专用道路，因为水的浮力，拉一条船相对轻松。——译者注

机和锅炉都更加普及了。事实证明，这些科技不仅对工业发展本身有利，更对新型货运、客运交通工具的革新大有裨益。1825 年，世界首条行驶蒸汽火车的铁路在英国投入使用。

荷兰第一条铁路由荷兰铁路公司修建，于 1839 年 9 月 20 日开通，从阿姆斯特丹到哈勒姆①。列车由两个火车头带动，分别是“鹰”号和“飞速”号。1842 至 1847 年间，铁路线扩展到阿纳姆②。1885 年又增加了一条从乌得勒支③到鹿特丹港的铁路线。修建国际铁路的不是荷兰铁路公司，而是外国的公司，他们将这些跨境铁路看作是本国铁路网的自然延展。1853 年，亚琛④至马斯特里赫特⑤的铁路开通。1854 年，安特卫普⑥至罗森达尔⑦的铁路通车，梵·高去巴黎，很有可能就途经该线路的一部分。

梵·高在巴黎停留期间，常常去卢浮宫⑧和卢森堡博物

---

① 哈勒姆（Haarlem）：荷兰西部城市。——译者注

② 阿纳姆（Arnhem）：荷兰东部城市，也是海尔德兰省首府，莱茵河下游的河港。——译者注

③ 乌得勒支（Utrecht）：荷兰中部城市，乌得勒支省省会，也是荷兰第四大城市。——译者注

④ 亚琛（Aachen）：又译阿亨，位于德国北莱茵 - 威斯特法伦州，靠近比利时与荷兰边境。——译者注

⑤ 马斯特里赫特（Maastricht）：荷兰东南部城市，位于马斯河畔，靠近比利时边境。——译者注

⑥ 安特卫普（Antwerp）：位于比利时西北部斯海尔德河畔，是比利时最大港口和重要工业城市。——译者注

⑦ 罗森达尔（Roosendaal）：荷兰南部城市，近比利时边界。——译者注

⑧ 卢浮宫（The Louvre）：位于法国巴黎市中心的塞纳河北岸（右岸），

馆[1]欣赏各种各样的展览，也经常去他所供职的公司——古庇画行下辖的三个画廊走走看看。在一封寄自伦敦，时间为1873年6月13日的信中，梵·高热切地对他无话不谈的弟弟提奥说起了这些。

关于梵·高航行去伦敦的另一个确知事实是，他乘船横穿了英吉利海峡。尽管从1802年起，就有计划修建横穿海峡的海底铁路，1873年已经开始修建火车隧道，但是直至1994年英吉利海峡隧道才最终通车。根据梵·高兄弟后来的通信，我们知道梵·高在迪耶普[2]上船。英法之间的航运通过明轮船[3]往来进行，始于1820年，起初是传递信件，随后（1822年）开始运送旅客。这种船相对较小，无力抵挡海上风浪的侵袭，船上也没有多少遮蔽，因此，将近七个小时的航行，通常是相当难挨的。

梵·高在纽黑文上岸，一个位于英格兰南部海岸靠近布莱顿的港口城市。在那儿，梵·高登上了开往伦敦的列车，并将受雇于古庇画行伦敦分店。梵·高将抵达伦敦现存的12个火车

---

（接上页）原是法国的王宫，居住过50位法国国王和王后，现为卢浮宫博物馆，拥有的艺术收藏品达40万件以上。——译者注

① 卢森堡博物馆（Luxembourg Museum）：位于法国巴黎第六区拉丁区卢森堡宫附近，曾经拥有许多19世纪的绘画和雕塑。许多作品在1986年搬迁到刚落成的奥赛博物馆。现在，该馆根据法国参议院和法国文化及通信部的计划成了定期展览的举办场所。——译者注

② 迪耶普（Dieppe）：又译第厄普，法国北部城市，临拉芒什海峡（英吉利海峡）的港口。——译者注

③ 明轮船：在船的两侧按有轮子的一种船，由于轮子的一部分露在水面上边，因此被称为明轮船。一般有两种推进方式：一种是原始的人力踩踏木轮推进，一种是依靠近代蒸汽机推进。——译者注

◆维多利亚车站

站中的一站，最有可能的是开通于1860年的维多利亚站，因为这个车站来往海岸城市最方便。

时至今日，重走梵·高的旅途仍然是可行的，猜想他这一路所经所看的景色也并非难事：他将故乡海尔福伊特的小屋和农场抛在身后；先是发现眼前的风景逐渐变成了比利时，随后法国的风光在车窗外闪现；不多时，他便被巴黎的华美城市景象所震撼；在此之后，他动身前往海边，眺望英格兰南部的海岸；最后，透过蒸汽机车带出的滚滚浓烟，他第一次看到了伦敦的城市天际线。梵·高踏上了这座宏伟的维多利亚车站的坚实地板，从铁制的顶棚下面走出车站，走向他的第一个栖身之所。

19世纪是各种各样旅游纪念品店和旅行机构兴起的时代。

其中，最引人注目并精于此道的是著名的英国人托马斯·库克[1]。他用火车运载旅客到英国各地（即所谓“库克之旅”），后来也将旅游目的地扩大到国外，瑞士、意大利、埃及和美国都被列入了目的地。有人认为，我们今天所说的“游客”是梵·高生活的维多利亚时代的产物。诚然，日渐增长的对于乐享旅行的需求催生了对旅行指南的兴趣。

1823年，第一本莱茵河沿线的旅行指南出版。一年之后，这种旅行指南被英国人玛丽安娜·斯塔克引进了英国：每一个英国人去法国或意大利旅行都会随身携带她写作的旅行指南。该书不断地修订，旨在适时提供实用信息，而不是仅仅描述地点。1835年，德国的卡尔旅行指南进一步将其发扬光大。自1828年《莱茵河旅行指南》面世起，各种各样的旅行指南紧随其后。其中，《英国旅行指南》出版于1890年。另一个有影响力的人物是英国出版商约翰·默里三世，他编写的《默里现代伦敦指南》（1837年）成了旅行指南发展史上的里程碑之作。在他们之前，许多旅行指南都带有很强的主观个人色彩。这两位却不同，他们都尽力客观地提供旅行建议，根据自身体验把真实的信息详列出来。这种指南包含了大量内容，既有文字，又有实用地图，它成了许多游客造访新目的地时随身携带的一件标配物品。

很有可能当年梵·高手里也有一本《默里现代伦敦指南》。

① 托马斯·库克（Thomas Cook，1808—1892）：近代旅游业之父，又被称为“监护旅游之父”，为世界旅游业的发展做出了重大贡献，是世界旅游界的伟人。——译者注

这本书的确有助于初入这座大城市的游客在此展开旅程，也教会他们：寓居于此，当有寄望。第17章的开头写着“新手须知”，梵·高一定喜闻乐见。“伦敦的最佳旅游时间是每年的5至7月”，梵·高在1873年5月19日到达，依照指南，“5月是最佳观光时节，因为英国皇家艺术学院夏季展览此时开始。”梵·高确实也去了。里面还提到了另一个细节，每年的这个时候，伦敦的大街小巷都会挤满载客的马车：

> 在伦敦，最美的光景便是大道上车水马龙，人声鼎沸。络绎不绝的游人、推车、车驾、马匹、公共汽车从眼前经过……

更贴心的是，指南还提醒游客别混淆了街道名称：伦敦至少有37条国王大街、27条皇后大街、22条公主大街，以及17条公爵大街！同时还建议游客抵达目的地后及时兑换外币，并且充分利用银行开具的信用证①，凭借信用证可以在任何一家银行提款。在一封信中，梵·高自己透露（日期是1863年3月17日，写信时他还未离开英国），他可以很好地听懂英语，却对自己运用英语交流的能力不是很满意。他买了一张伦敦地图随身携带。《默里现代伦敦指南》也认为：“对

① 信用证（Letter of Credit，L/C）：是指开证银行应申请人（买方）的要求并按其指示向第三方开立的载有一定金额的、在一定期限内凭符合规定的单据付款的书面保证文件。信用证是国际贸易中最主要、最常用的支付方式。——译者注

于一个初到伦敦的外国人来说，此前的首要任务是研究地图。”

19 世纪末期，旅游业的发展恰逢明信片流行，已成为一种向周围朋友炫耀自己曾去过哪些地方的途径。普遍认为第一张明信片寄自 1840 年的英国，西奥多·胡克寄给自己的。2002 年，这张明信片被拍卖，价格为 31500 英镑。可是，这种用卡片说明自己旅行地的方式并不新鲜。与梵·高一样，人们在给自己亲人或爱人写信时，通常会随信附上一些照片或者是插画。

1874 年 10 月，梵·高转去巴黎的古庇画行总部。不久之后，1875 年 1 月，梵·高又回到伦敦分店工作。然而，同年 5 月，梵·高又再次被巴黎总部雇用，直到 1876 年 3 月被解雇。与此同时，梵·高的父母搬到了埃滕[①]，梵·高回去看过双亲后，于 1876 年 4 月回到了英国。这一次，梵·高到了拉姆斯盖特，受雇当教师。当然，还是要先经过伦敦。

从梵·高的信件里，我们可以对其此次伦敦之行略窥一二：在一个美好的星期五，梵·高参加了父亲主持的弥撒，然后回家收拾行李，把衣服、书籍装进箱子，带上一些画用来装饰自己的新屋了，将这些统统装上马车，赶赴车站。父亲和弟弟科尔陪伴在旁，直到看着梵·高乘坐的火车离开车站。一上火车，梵·高便拿出纸笔给父母写信，这次离家对他来说十分伤感：

这一次，我想与你们在一起。重逢的喜悦与离别的伤感，哪一个更好？过去，我们常常面对分离，只这一次，

① 埃滕（Etten）：荷兰格尔德兰省的一个小村庄。——译者注

无论是我还是你们，伤感甚于过往，唯勇气依然，始自更坚定的信念与更高远的追求，祝福我们。这是上天对我们的怜悯吗？这样的低落沮丧感要缓几个小时。

去鹿特丹的火车途径泽芬贝亨①，梵·高要在船上过夜，然后在鹿特丹登上去哈里奇的渡轮。要再过17年，英国的铁路线才会修到今天的位置，直通去往荷兰的码头。《英国旅行指南》中说，除了周日，哈里奇每天有两班船开往鹿特丹。因此，当时可能也是每天有两班船开往鹿特丹。这条航线全程耗时11至12小时，明显长于从法国出发。

“天气晴朗，”梵·高在海上写信给弟弟妹妹，“马斯河②上的风景格外迷人，还有沿岸连绵的沙丘，在艳阳下闪着白光。”梵·高在甲板上伫立良久，沉思冥想，“对荷兰最后的一瞥是一座灰色的小塔，极目所见，满眼皆是深蓝色的水，高高扬起的水浪衬以白色的浪峰。”日暮时分，梵·高感到周围渐渐变得“凄清凉薄”，索性回到船舱中度夜。但这并不是梵·高所期待的，“一想到今夜将与这些烟不离手喧嚣吵嚷的人在一起，挤在这闷热的舱内，我不禁打了个寒战。”翌日清晨，梵·高抵达哈里奇，转乘火车，不到两小时到了伦敦。在火车上，梵·高望着晨曦黎明，兴从中来，提笔写道：

幽暗的田野，郁郁葱葱的牧场，羊群星星点点散落

① 泽芬贝亨（Zevenbergen）：荷兰西北部北布拉邦省城市。——译者注

② 马斯河（Maas）：欧洲主要河流。——译者注

其间，处处布满荆棘篱笆，几棵高大的橡树虬枝盘曲、接叶吟风，疯长的苔藓爬满树干。天空绽出蔚蓝色的光，有星星不肯睡去。远远的地平线处，浓稠的云在徘徊。太阳未升起之际，我听见耳边有百灵鸟在歌唱。

## 戴着礼帽去英国皇家艺术学院看夏季展览

维多利亚时代[①]，伦敦的大多数男子出门都会戴帽子，不仅是富人，任何中产阶级[②]市民都会如此，比如，银行工作人员、办公室职员和警察，还有公交车司机、邮递员、门卫等中下阶层的成员，若是不戴上一顶高顶镶边的黑色丝质礼帽，他们是不会出门的。甚至部分工人阶层也会以这种方式来炫耀。漫步城市，乘车出行，甚至工作中，他们都会帽不离身。梵·高在给父母的信中写道，在伦敦很难见到一个无帽而行的人。

---

① 维多利亚时代（Victorian era），前接乔治时代，后启爱德华时代，被认为是英国工业革命和大英帝国的顶峰。它的时限常被定义为 1837 至 1901 年，即维多利亚女王（Alexandrina Victoria）的统治时期。女王维多利亚于 1837 年登基，1901 年逝世，在位 63 年。——原注

② 在维多利亚时代，中产阶级是最广泛的存在。任何不属于贵族、上流社会等上层的人们，以及不属于底层工人阶级的人们，都被认为属于中间阶层。——原注

工业革命时代，资产阶级迅速扩大：他们拥有更多可支配收入，通过修建更大的住宅来强化他们的新兴地位。在伦敦，维多利亚时代的建筑随处可见，现在仍然十分抢手。19世纪，屋主们希望能在墙上张挂有格调的装饰品，以便在享受下午茶时欣赏，但是大多数资产阶级面对价格不菲的真迹依然面露窘色，因此，像古庇画行这样主要销售仿制品的机构便显出了敏锐的商业眼光。

梵·高在给弟弟提奥的信中也特别提到过一些画作和画家。透过这些信件，不难看出，梵·高的艺术眼光很专业，而且对国际艺术品领域有很好的了解，居留伦敦期间也看过大大小小、各种各样的艺术展，其中包括位于皮卡迪利大街的英国皇家艺术学院①一年一度的夏季展览。直到现在，夏季展览仍然每年举办，展出的作品来自已成名和未成名的艺术家。所有人都可以向主办方递交作品，当然，要经过特别委员会的认真评估。对于很多伦敦人来说，这个展览是每年的大事件，在梵·高身处的时代也不例外。

在英国，由英国国王乔治三世创建于1768年的英国皇家艺术学院一直是久负盛名的艺术机构，它位于伦敦皮卡迪利街宏伟的伯灵顿宫内。该学院旨在支持和推动各类艺术的发展。英国皇家艺术学院有其独特的教育体系，组织各类展览以及公共论坛也是它的重要活动。院士均为国际知名艺术家

① 英国皇家艺术学院（Royal Academy of Arts）：简称RAA，世界四大美院之一，是英国最古老的艺术学校，由英国国王乔治三世创建于1768年12月10日。——译者注

（包括画家、雕塑家、雕刻家、设计师、绘图师以及建筑师）、从业者和理论家。

1873 年，梵·高第一次参观了夏季展览。他有戴高顶丝质礼帽去吗？作于 1881 年的名画《英国皇家艺术学院私展》（*A Private View at the Royal Academy*）也许会告诉我们答案。该画作首展于 1883 年，距梵·高初次观展已有十年，作者为威廉·鲍威尔·弗里斯（William Powell Frith），英国皇家艺术学院院士。弗里斯是英国维多利亚时代著名画家，擅长风俗画和叙述性全景画。在这幅画中，弗里斯嘲讽了唯美主义[①]的颓废风气。在画作的右方，头戴高帽、手捧书籍而立的人被认为是奥斯卡·王尔德[②]，唯美主义的代表人物。站在他身后落败不甘的是弗里斯的朋友，正用鄙夷的眼神望向王尔德。

---

① 唯美主义运动（Aesthetic movement）：19 世纪后期出现在英国艺术和文学领域中的一场组织松散的运动。提倡“为艺术而艺术”，强调超然于生活的纯粹美，追求形式完美和艺术技巧。唯美主义运动的兴起是对社会功利哲学、市侩习气和庸俗作风的反抗。所谓“唯美主义”，就是以艺术的形式美作为绝对美的一种艺术主张。这里所说的“美”，是指脱离现实的技巧美。因此，有时也将唯美主义称为“耽美主义”或“美的至上主义”。通常，人们认为唯美主义和彼时发生在法国的象征主义或颓废主义运动同属一脉，是这场国际性文艺运动在英国的分支。这场运动是反维多利亚风格风潮的一部分，具有后浪漫主义的特征。它发生于维多利亚时代晚期，大致从 1868 年延续至 1901 年。——译者注

② 奥斯卡·王尔德（Oscar Wilde，1854—1900）：英国（英属爱尔兰）最伟大的作家与艺术家之一，以剧作、诗歌、童话和小说等闻名。唯美主义的代表人物，19 世纪 80 年代美学运动的主力和 90 年代颓废派运动的先驱。——译者注

◆威廉·鲍威尔·弗里斯《英国皇家艺术学院私展》

画作中所描绘的场景与今时今日的景象并无二致：房间里挂满了各种各样的画作，挤挤挨挨，从底部到天花板，看起来它们是在墙上努力为自己争得方寸之地。1873至1874年，梵·高去看展览时所见的境况或许也是如此。19世纪，大多数的博物馆都是把画作从地上挂到天花板上，覆盖整个墙面。弗里斯画中大部分男子都戴着高顶丝质礼帽。今天，这幅画作仍挂在英国皇家艺术学院的约翰·米底积斯基艺廊，参观英国皇家艺术学院（每周三次，免费）时可以去看看，也许你会有更丰富的解读。顺便说一句，每年的私人展览（Private Viewings）仍然只对学院的赞助者开放。

夏季展览期间，梵·高在众多的画作中看到了雅姆·蒂索[①]的作品，也看到了塞缪尔·卢克·菲尔德斯[②]的作品。菲尔德斯是《图画报》的创始人之一，梵·高常常会撕下该报的插画贴到房间的墙上。费尔德斯的名作《临时收容所的申请者》（*Applicants for Admission to a Casual Ward*），描绘了那些即使去看病也要戴着高顶丝质礼帽的人。这幅油画在泰特美术馆甫一面世，便在伦敦引起了一阵骚动：过于写实，主题不适合作为艺术品。毕竟，艺术是为了给人以欢愉，而非引起不适。尽管如此，该画作仍被大量仿制。这种现象引起了梵·高的注意，他在给提奥的信中写道："它富有阳刚之气，

① 雅姆·蒂索（James Tissot，1836—1902）：英国新古典主义画派代表画家，出生于法国。——译者注

② 塞缪尔·卢克·菲尔德斯（Samuel Luke Fildes，1843—1927）：英国肖像画画家。——译者注

那种粗野的质感吸引着我。”

1882 年，梵·高在一幅名为《彩票局门前的人群》（*State Lottery Office*）的水彩画中描绘了相似的场景。该画也与“穷人和金钱”有关，收藏在阿姆斯特丹的梵·高博物馆中，与菲尔德斯的画相似的是，这幅画中也有两个头戴高顶丝质礼帽的穷人。

## 英国皇家艺术学院

英国皇家艺术学院每年都会举办夏季和冬季艺术展，并在开展时对外开放。和梵·高生活的年代一样，买票可进。当时的票价是 1 先令①。学院里伫立着约书亚·雷诺兹爵士②的塑像，梵·高对他充满了敬仰。英国皇家艺术学院十分有趣，值得一看。沿着华丽的楼梯直上展区时，务必留时间停下脚步，骋目四顾，遥想昔日梵·高如何走过这条长路，如何观察楼梯左右两边墙上悬挂的画作，如今它们依然挂在相同的位置。知道梵·高也曾在这里，在相同的房间做过相同的事之后，细观这些展品便成了一种别样愉悦的体验。

① 先令（shilling）：1971 年之前发行的英国货币，值旧币十二便士，为一镑的二十分之一。——译者注

② 约书亚·雷诺兹（Joshua Reynolds，1723—1792）：英国 18 世纪后期最负盛名且颇具影响力的历史肖像画家和艺术评论家，英国皇家艺术学院创办人。雷诺兹强调绘画创作的理性一面，他的许多观点是英国 18 世纪美学原理最典型的体现。——译者注

### 英国皇家艺术学院

地　　址：英国伦敦皮卡迪利大街伯灵顿宫

邮　　编：WIJ OBD

开放时间：上午10：00—下午6：00（周五延至晚上10：00）

地 铁 站：皮卡迪利广场

## ■ 在海德公园骑马道上抽烟斗

1873年7月2日，梵·高给远在海牙[①]的他的朋友威廉和卡洛琳·范·斯托库姆 - 汉尼贝克写信，说他发现海德公园骑马道的景色是他在伦敦看过的最美的景色之一。梵·高爱上了在伦敦走走看看的生活，惊讶于这里竟然有这么多郁郁葱葱的公园，当时伦敦作为世界上最大的城市，有超过400万人口（目前拥有800万人口）。梵·高把这些公园称作“城市绿肺”，因为城市建筑越来越多，对绿色公共空间的需求便日益加剧。他在信中写道：“这个城市几乎处处都有极好的公园，那里花草满园、绿树成荫，我所见过的没有一个其他城市像这里这样。”今天，伦敦仍有很多草坪、花园、公园，“在长而宽阔的大道上，绅士淑女骑马而过”，这就是梵·高笔下海德公园骑马道的模样。

早在17世纪后期，威廉三世统治时期，骑马道被称作“英

① 海牙（Hague）：荷兰政府和议会所在地，荷兰的第三大城市，南荷兰省首府。——译者注

◆ 海德公园骑马道

◆ 水晶宫

皇道”，后被英国人误称作“罗敦路”。从此处，沿公园往南一线，你可以看到景色秀美、水系蜿蜒的九曲湖。在梵·高去那儿之前二十年，疯长的草地将骑马道一分为二，其中从肯辛顿路向下直到伦敦骑士桥的路彻底变黄了：1851 年 10 月，一座宏伟的玻璃建筑在海德公园内落成，该建筑是为当年 5 月举办的万国工业博览会[①]而建的展馆，后迁至伦敦以南六英里的锡德纳姆。到梵·高所在的时代，水晶宫[②]已经成为著名的旅游景点，但他对此兴趣不大。梵·高在 1873 年 8 月 7 日的一封信中写道：“我没去过水晶宫，也没看过大笨钟，更没进过杜莎夫人蜡像馆，我对这种走马观花似的游览不感兴趣。倒是博物馆、公园这样的地方更吸引我。”

## 万国工业博览会

经过对选址建馆进行充分商议之后，维多利亚女王的丈夫艾伯特亲王的提议最终通过了决议。如此高规格的国际盛事一定要在骑马道附近举行，尽管这样会惊扰路上来来往往的马匹。公园内的树木也成为长期争执不下

① 万国工业博览会（Great Exhibition of the Works of Industry of all Nations，后以 Great Exhibition 为专有名词）：第一场世界博览会，在英国伦敦海德公园举行，展期是 1851 年 5 月 1 日至 10 月 15 日，主要内容是世界文化与工业科技。英国借此炫示工业革命后技冠群雄、傲视全球的辉煌成果。——译者注

② 水晶宫：19 世纪最有代表性的建筑样式，由玻璃和铁构成，俗称“水晶宫”。万国博览会的展馆就是这种建筑。——译者注

的话题：最终同意原地不动，保留在拱形玻璃顶下面。

诸如此类的国际盛事都是当时工业化快速发展的典型表现：在这里，各国都可以展示自己的新发明以及各种各样的工业成果。与此同时，主要来自欧洲其他国家的游客可以看到各种古希腊、古罗马风格的建筑，中世纪的广场，古董，活的飞禽走兽，喷泉，或者是被称为“畸形秀”[①]的，由各种残障人士表演的节目。

展览期间，海德公园吸引了超过130万游客，门票收入全部投入大型公共设施的建造中，例如，英国皇家艾伯特音乐厅、科学博物馆、自然历史博物馆以及维多利亚与艾伯特博物馆。这从整体上极大地助推了艺术氛围，为艺术爱好者提供了更多的文化产品。

5、6、7三个月是伦敦的旅游旺季，海德公园、骑马道、九曲湖游人如织，往来如潮，在傍晚尤其喧嚣不减。在梵·高笔下，这里整天都有成百上千的男男女女在炫耀各式马术，更重要的是炫耀自己。在伦敦上流社会，这些都是“看与被看”的问题，比如，湖北岸的“女人街”。在很多画作中都

① 畸形秀（Freak Shows）：流行于1840至1940年代的美国，是一类以反常现象或畸形生物为主题的，给参观者带来精神上冲击的展览。其内容通常千奇百怪，例如，高得出奇的人、同时拥有男女第二性征的人和拥有其他怪异情况的人或动物；吞火、吞剑一类的表演，也可以成为展览的内容。此外，一些极端的文身和穿孔有时也可以在畸形秀中见到。“畸形秀”一词通常被认为是不适当和不人性化的。——译者注

可以看到，伦敦的流浪汉目瞪口呆地注视着骑马道上来来往往、衣着光鲜的红男绿女。例如，在乔治·豪斯曼·托马斯的一幅名为《罗敦路》的画作中，头戴时髦高顶礼帽的绅士们在公园长廊闲庭信步，该画现为私人藏品。托马斯是伦敦人，当时著名的插画家，并受雇为维多利亚女王绘制肖像。查尔斯·狄更斯也在他的《伦敦辞典》里提到过罗敦路："如果你想参观这条路，最好在下午时分。"

想象一下，夏日，结束一天的工作，或是在空闲的星期日，梵·高漫步至公园，也许他还穿过了水晶宫的大门。这扇大门由煤溪谷钢铁公司专门为万国工业博览会制造，今天被称作"煤溪谷之门"。在水晶宫的大门前，你可以读到因万国工业博览会而建造它的历史，大门上方的字母"V"和"A"，指的是维多利亚与艾伯特。在1870年一本名为《伦敦人与伦敦生活趣闻》的书中如是描述海德公园：

> 人们开始意识到，逛公园已成为日常生活的一部分。尤其是阳光柔和或晚风徐徐的时候，所有的人便都聚集于此。城中的商人、办公室的律师、教区的牧师、下课的家庭教师、崇尚自然和人性的艺术家，所有的人都觉得呼吸新鲜空气、看见新鲜面孔是一件于己有益的事情。

对于公园里的新鲜空气是有争议的：骑马道是允许吸烟的，这让有些人不是很满意。但是这仍被允许，因为艾伯特亲王自己就是个烟民。我们可以看到英国皇家艾伯特纪念碑（1872年，维

• 维多利亚女王（1819—1901）

多利亚女王为纪念她已故丈夫所竖立的雕像。艾伯特亲王 1861 年逝世，享年 42 岁），远远地掩映在附近的肯辛顿花园里。

很有可能，梵·高就是从这个入口径直走到骑马道。想象一下，去湖边散步之前，梵·高如何站在栅栏旁边，嘴里衔着烟斗，悠闲地观察着伦敦的富裕阶层。梵·高对提奥写道：“我必须再次建议你开始抽烟斗，这对缓解你的低落情绪非常有益，因为我这些天经常这样做。”

如果你造访伦敦时，夏天已过，也别难过。1876 年 10 月 3 日，梵·高在给提奥的信中有这样一段生动的描述，据此，可以看出，梵·高也喜欢秋天参观海德公园：“旭日初升时，我身处海德公园，树上的叶子已落下，绚烂的红色爬山虎附在房子的墙上，周围薄雾笼罩。”六周后的一天清晨，梵·高从伦敦西部的艾勒沃斯步行至此。大约清晨 6 点半，梵·高来到海德公园，仍能看到远处灯火微光。当看到红日初升，他就喜欢上了威斯敏斯特大教堂和国会大厦的壮丽景色。

仔细远眺，公园里的塔尖是否仍然依稀可辨？

## 海德公园

地　　址：英国伦敦（穿过博览会路[①]）肯辛顿路煤溪谷入口 / 亚历山德拉门

地 铁 站：海德公园或骑士桥

① 博览会路（Exhibition Road）：英国伦敦市南肯辛顿的主要道路之一，因 1851 年举办万国工业博览会而得名。该路南起伦敦地铁南肯辛顿站，北抵海德公园里的博览会会址。博览会路是英国伦敦著名的文教中心之一，英国自然历史博物馆、科学博物馆以及维多利亚与艾伯特博物馆等三大博物馆均位于博览会路。伦敦帝国学院的主要入口也位于博览会路上。——译者注

## 四 圣诞前的窘境

——梵·高与狄更斯

查尔斯·狄更斯笔下的伦敦阴冷晦暗，时常笼罩在浓烟之下。每年11、12月，天黑得更早，有时不到下午4点，天便转暗。至1878年，英国的街巷里依然没有电灯（直到今天许多路上依然没有），每晚靠煤气灯照明。狄更斯在他的《圣诞颂歌》中写道：

> 时钟刚刚走过3点，天色已暗，光亮未及一天，便早早遁去……烟雾从各种缝隙孔洞中涌入这个城市。

在温暖明亮的壁炉前，大声朗读这样晦暗的圣诞故事，真是有意思的场景。在梵·高家中，每年圣诞都要阅读狄更斯的圣诞故事系列，当然是荷兰语译本。从1840年起，狄更斯的小说就被翻译成各国语言，广泛流行，也包括荷兰语。

梵·高未离开家时，由于父亲是牧师，故每年圣诞家里都会布置一棵高大而精心装饰的圣诞树。

## 装饰圣诞树

1848年，英国商店中第一次出现了装饰好的圣诞树。有一段时间，温莎城堡[①]将圣诞节装饰圣诞树作为一项家族传统。夏洛特（英王乔治的德国夫人）从德国带来了这一风俗。维多利亚女王的丈夫艾伯特亲王也习惯于这种德国风俗。因此，女王在温莎古堡装饰了一棵高大的圣诞树。圣诞树的照片登上了《伦敦新闻画报》。很快地，大众开始涌向温莎城堡欣赏美丽的圣诞树，这成为了一种风潮。现在想想，其实当时的人们都想拥有一棵自己的圣诞树！

第一张圣诞卡大约出现于1840年。到了梵·高生活的时代，互寄圣诞卡已经成为一种普遍的习俗了。

梵·高喜欢圣诞节，他在1876年11月3日的信件中表达了这一感情："我多么渴望圣诞节。"一个星期后，梵·高再次提到该话题时，热情地写道：

> 此刻，我们渐进寒冬，满心畏惧。但圣诞节是美好的，它像是屋顶的青苔，又像是雪地里的松树、冬青和常春藤。

① 温莎城堡（Windsor Castle）：位于英国英格兰东南部伯克郡温莎-梅登黑德皇家自治市镇温莎，目前是英国王室温莎王朝的家族城堡，也是现今世界上有人居住的城堡中最大的一个。——译者注

梵·高喜欢冬天，因这是圣诞季：“这就是原因，于我而言，冬天比一年里的其他节日更让我亲近和欢喜。”即使在离家之后，梵·高依然继续阅读狄更斯的圣诞故事。梵·高每年都要重读《圣诞颂歌》和《被神缠身的人》。1883年3月5日，梵·高给朋友安东·凡·拉帕德写信：

这周我买了新的平装本《圣诞颂歌》和《被神缠身的人》（查普曼与霍尔出版公司），还带有七幅巴纳德的插画，比如书中写到的一家旧货店。我觉得这两个故事是狄更斯最好的作品，从少时起，每年都在重读，常看常新……

在我眼里，没有任何一位作家像他这么会画画。他笔下的人物栩栩如生。

后来，梵·高的画中多次出现类似《圣诞颂歌》以及哈丽叶特·比彻·斯托夫人[①]《汤姆叔叔的小屋》的场景，比如《基诺夫人》。像梵·高一样，狄更斯也是圣诞节的狂热爱好者。在其《圣诞颂歌》中，狄更斯将这个时节描述成“好时候，慈善、宽容、快乐的时节”。梵·高也在喋喋不休地谈论圣诞，1875年，他甚至从9月就开始期待：“我是多么渴望过圣诞

① 哈丽叶特·比彻·斯托夫人（Harriet Beecher Stowe，1811—1896）：小说《汤姆叔叔的小屋》作者，从19世纪20年代起，奴隶制问题就成为美国进步舆论的中心议题。当时许多著名的美国作家都为解放黑奴而呼吁。斯托夫人是废奴作家中最杰出的一位。——译者注

节，但我们要有耐心，时间会很快到来。”而且，每年1月，梵·高都会在信中回忆起美好的圣诞假期。

梵·高在伦敦的第一个圣诞节，是在布里克斯顿的海克福德路跟女房东厄休拉及其女儿欧也妮一起度过的，是梵·高的雇主查尔斯·阿巴赫一家的邻居。阿巴赫住在布里克斯顿路314号。因为古庇画行业务繁忙，梵·高留在伦敦过节。依照英国的传统，圣诞节的傍晚，他肯定享受了一顿丰盛的圣诞大餐。当时，圣诞午餐包括肉类和烤禽，辅以约克郡布丁——特别是在富裕的家庭——一种传统的李子布丁甜点。将圣诞节作为家庭节日的理念就始自维多利亚时代。

狄更斯习惯于每年圣诞时在伦敦城闲逛，梵·高也喜欢散步。我们是否可以假设，梵·高就在他家附近的公园散步？

游走于伦敦街头可以更好地亲身体会圣诞气氛。取道七日晷附近（靠近科芬园[①]），这是非常适合观光的地方，尤其是在圣诞节来临前。该社区建于17世纪末，由七条狭窄的街道组成，这些街道都围绕着以日晷为中心的广场四周。这一带的氛围类似于阿姆斯特丹的九街：有历史意义，本土，充满生机活力。因为原计划只包括六条街道，原来只有六个日晷柱。现在的七日晷最终成型于1989年（旧的在1773年移除），

① 科芬园（Covent Garden）：位于伦敦西区，是一个建于18世纪，具有典型古罗马风情的市场，曾是英国最大的蔬果花卉批发市场。1980年代，市场经过一番改造与复兴，现在已经成为一个剧院、古建筑、手工艺品小市场、特色餐馆、酒吧、时尚小店等汇集之地。如今的科芬园无论从建筑风格还是功能上讲，在伦敦都是独一无二的，同时，也成为历史街区复活的典范。——译者注

是荷兰女王比阿特丽克斯为庆祝威廉和玛丽入住英国300年而建。[①]在19世纪，这里是伦敦最臭名昭著的贫民窟，现在则以本土气息和丰富多彩著称，独具魅力。别忘了欣赏旁边那条小街，它叫“尼尔的院子”。

1882年6月3日，梵·高写信给提奥，我们知道，梵·高有一幅木版画，名为《七日晷的晨起》（*Morning Toilet, Seven Dials*），作者为威廉·巴泽特·默里（William Bazett Murray），这是他从1874年11月5日的第65期《伦敦新闻画报》上剪下来的。梵·高在信中写道：“过几天，或者今天如果有时间，我会将我收集的木版画印本简要地列个单子给你……那就是伦敦日常生活的写照，从鸦片吸食者和白教堂[②]、七日晷和骑马道，到威斯敏斯特大教堂公园里最优雅的女士。”狄更斯的书里也提到过白教堂。1876年11月，梵·高给父母写信：“白教堂——在狄更斯的书里是极贫区域。”至今，这儿仍是较贫困的区域，居住人口主要是孟加拉移民。

狄更斯的圣诞故事系列在伦敦非常流行。英国人甚至认为圣诞假期就是狄更斯的发明。狄更斯自己在每年的圣诞假日旅行中，也会去拥挤的剧院看他的圣诞故事。今天，《圣

① 荷兰执政威廉三世(1650—1702)与配偶英女王玛丽二世在汉普顿宫居住。在他们统治下，国土疆域得到扩大。——原注

② 白教堂（Whitechapel）：英国伦敦东区塔村区的一个区域，位于查令十字以东5.5千米，19世纪80年代在此区发生了恶名昭彰的“开膛手杰克”凶杀案。——译者注

诞颂歌》的舞台版本仍然会在 12 月的晚间上演。一定要买票去看！或者买一本有声书，当你走在相似的路上，听着埃比尼泽·斯克鲁奇[①]的故事。这是体会伦敦幽暗阴郁的圣诞节精神的最好方式。你也可以去参加英国唱诗：梵·高一定这么做过，因为他钟爱英国教堂音乐。记得到玛莎百货买现成的梅子布丁回家！

## 节礼日[②]

圣诞节次日，英国所有的商店都开放营业，这是圣诞假日销售的第一天，也是一年中最忙的购物日。切记！

对于“节礼日”的词源，一直都有争议。一个说法是，佣人在圣诞节后一天放假，因此主人准备装满礼物和糖果的礼盒在他们启程回家前作为答谢。另一个说法是，过去，人们在圣诞节集资，然后用小箱子装好，分赠给一些小公司。

① 《圣诞颂歌》讲的是一个名叫埃比尼泽·斯克鲁奇（Ebenezer Scrooge）的可怜人的故事。在他看来，圣诞节无非是人们逃避工作的借口而已。什么圣诞快乐之类的祝福语，对于他来说都是无稽之谈。每当有人对他表示圣诞祝福的时候，他总是对其嗤之以鼻，并深信他的这一举动会让所有的人明白他的个性所在。——译者注

② 节礼日（Boxing Day），为每年的 12 月 26 日，圣诞节次日或是圣诞节后的第一个星期日，是在英联邦部分地区庆祝的节日，一些欧洲国家也将其定为节日，叫做“圣士提反日”。这一日传统上向服务业工人要赠送圣诞节礼物。——译者注

## 五 维多利亚时代的伦敦一日

——从南安普顿街到海克福德路

19 世纪 70 年代，伦敦有近四百万居民。1873 年，梵·高便是其中一个，却不是唯一的一个外国人：19 世纪，伦敦的人口构成与今天完全不同。（根据 2011 年人口普查数据显示，截至当年 3 月 27 日，该市三分之一的人口是外国人。）在过去 50 年，伦敦新进了 200 万移民。在很大程度上，这种增长是由工作移民的大量涌入造成的：来自农村或其他城镇的英国人、爱尔兰人，也有来自其他欧洲国家的移民。19 世纪的伦敦发生了相当大的变化。在这一时期社会变迁的动力是工业革命，它为伦敦带来了大量人口，成为大英帝国引以为傲的资本。

新进人口中有大量普通劳动者和非熟练工人，他们的情况不容乐观，但没有太多的选择。他们在农村的工作机会越来越少。因此，伦敦市民和农民工一起生活在肮脏、拥挤环境的住宅区里，就是所谓的贫民窟。

因为铁路的出现，19世纪的伦敦城市景观也发生了变化。此间，大量的铁路遍布英国。饱和的城市和新的通联铁路的建设，促使郊区迅速发展：伦敦的扩张就像洇开的墨水，向四周蔓延——北、东、西，特别是南。许多人在邻近的郊区居住，在城市工作。其中有些人乘火车、轮船或马车，但大多数是步行去工作。因此，每天早晚都可以看到成百上千的人在街上匆匆而过：除了工人，还有办公室文员、银行员工、使馆人员以及各种各样的店主。1866年曾有过统计：每天在郊区与城市之间来往的人数约为75万。1873年，梵·高也加入了这一行列。

与大多数住在郊区、工作在城里的人一样，每天，23岁的梵·高也步行在寓所与画廊之间。古庇画行位于南安普顿大街17号，在科芬园和斯特兰德大街之间的一条小街。除了巴黎，伦敦也是国际艺术品市场的核心，城中许多的艺术品经销商都集中在这个地区。今天，任何人从科芬园的艺术品市场到斯特兰德大街，都会在南安普顿大街停下。古庇画行的地址——17号，就在街左。现在这里新建了旅游纪念品市场。不幸的是，原来古庇画行的建筑已被拆除。唯一幸存的原始建筑是当时的26号和27号，位于17号的斜对面。当年梵·高在此工作时，南安普顿街27号咖啡店主人还在这儿有一个出版小报的办公室。梵·高一定也曾在工作之余，于此眺望窗外这些饱经沧桑的建筑。

那时斯特兰德大街是一条繁忙的大街，穿行于鳞次栉比的商铺与剧院当中，很难不被来往的车辆碰到。比如，公共

◆ 马拉的公共汽车

汽车（马拉的公共汽车，当时在伦敦大约有 1200 人以此作为交通工具）或是豪华马车。当时，伦敦的第一条地铁已投入使用，虽然地铁线不多。1863 年 1 月 10 日，连接帕丁顿街和法灵顿街的第一条地铁正式开通。要知道，这些都是以蒸汽机为动力的开放式汽车！这是当时的全球首创，直到 1890 年才出现了第一辆电气列车。

## “斯特兰德”（Strand）这词出自何处？

“Strand”（河岸）是“shore”（岸）的古英语词，它指的是从这条街后流过的泰晤士河的浅滩。穿梭于威斯敏斯特和伦敦之间的船在此停泊。1865至1870年间，这里修建了维多利亚河堤。今天的建筑都位于泰晤士河的堆填区，但以前，斯特兰德大街是沿着河岸的。要知道，因为和北海连接，所以伦敦泰晤士河的涨落受潮汐活动影响。

## 辛普森之家

伦敦斯特兰德大街两旁有许多餐厅，当地人和游客都可以在此享受物美价廉的“茶餐”（便宜的晚餐）。比如《默里伦敦指南》中提到的“辛普森之家”（现名“辛普森斯特兰德店”，在100号）就是一个不错的餐馆。其中“何处用餐”一章建议：“（游客）应该去一趟‘辛普森之家’，花费一先令就可安享一隅，一杯咖啡、一支雪茄，读报、看杂志、玩玩国际象棋。”

这家餐馆（梵·高生活的时代它就已经出名）如今依然在那儿，你可以在此享受一顿美味的早餐、午餐或是晚餐。网上盛赞其为“最好的英国美食”。进入这间古老的餐厅，拱形的天花板上挂着烛台。这家历史悠久的餐馆，至今仍在接待八方来客。餐厅里最出名的是星期日烤肉，这是一道主食，每周日的午餐时间这里都挤满了为此而来的食客。这家餐厅的网站显示，这里已经有170年历史，在此吃饭的名人也包括梵·高（还有查尔斯·狄更斯和夏洛克·福尔摩斯）。所以梵·高一定来过这儿，毕竟从古庇画行向右一拐就到了。

## 步行，从南安普顿街到海克福德路

“我喜欢每天从家里步行去上班，晚上下班走回家。”1874年4月30日，梵·高写信对提奥说。

时光倒流到1873年9月的随便哪个工作日。下午5点半，通常梵·高会工作至6点，但今天他要寄信给他的父母和弟弟提奥，位于查令十字街的邮局在下午6点就会关门。他戴上礼帽，穿上大衣，走出门，去往南安普顿大街。来自科芬园的新鲜水果的香气弥漫在四周的空气里。

梵·高走到一个卖苹果的小摊前买了两个苹果，9月正是收获的时节。

然后，梵·高转过身，走过古庇画行走到街尾。梵·高小心地穿过斯特兰德大街，几乎踩到马粪，然后往右转。梵·高走过一个石水槽，有马在那儿喝水。

## 考陶尔德学院画廊[1]

梵·高向右转弯，但我们要先向左。萨默塞特宫[2]位于该处——它的历史可以追溯到1779年——这里有伦敦最小而美的一间博物馆——考陶尔德学院画廊。英国皇家艺术学院迁到伯灵顿宫之前，就在萨默塞特宫。梵·高生活的时代，考陶尔德画廊尚未建成，但是这个博物馆里收藏了许多印象派作品，其中还有两幅梵·高的真品。在7号展室，挂着梵·高的一幅《割掉耳朵的自画像》（另一幅包着耳朵的自画像在阿姆斯特丹梵·高美术馆）以及1889年创作的《盛开的桃花》，旁边就是高更[3]和修拉[4]的作品。在相邻展室，你会看见毕沙罗[5]的作品《达利奇车站》。

---

① 考陶尔德学院画廊（Courtauld Gallery）：英国伦敦最著名的画廊之一，其宗旨是在英国推广视觉艺术，并且展出英国国内最受欢迎的艺术作品，如早期绘画大师、印象派画家、后印象派画家的作品和雕塑及其他应用艺术。——译者注

② 萨默塞特宫（Somerset House）：伦敦市中心一座华美异常的新古典主义宫殿，曾一直是税务局的总部，直到前几年才被改为展览馆并对游客开放。——译者注

③ 保罗·高更（Paul Gauguin，1848—1903）：法国后印象派画家、雕塑家、陶艺家和版画家，与塞尚、梵·高合称后印象派三杰。他的画作充满大胆的色彩，在技法上采用色彩平涂，注重和谐而不强调对比，代表作品有《讲道以后的幻景》等。——译者注

④ 乔治·修拉（Georges Seurat，1859—1891）：法国画家。新印象画派（点彩派）的创始人。代表作《大碗岛上的星期日下午》。——译者注

⑤ 卡米耶·毕沙罗（Camille Pissarro，1830—1903）：法国印象派大师。在他去世前一年，远在塔希提岛的高更写道："他是我的老师。"在他去

卡米耶·毕沙罗，早期印象派大师。与他的朋友莫奈[①]一样，在1871年普法战争期间逃到伦敦，当时住在伦敦南部的达利奇（接近梵·高居住的布里克斯顿）。

### 考陶尔德学院画廊

地　　址：英国伦敦斯特兰德大街152号萨默塞特官
邮　　编：WC2R 0RN
开放时间：上午10：00—下午6：00
门　　票：6磅（周一，3磅），包括所有的临时展览。
小 贴 士：画廊位于博物馆斜对面
地 铁 站：查令十字街或坦普尔

我们回到斯特兰德大街。马车在街上来去匆匆。第一家商店开始打烊。梵·高在查令十字街的邮局买了邮票，把信交给邮递员便离开了。W·H·史密斯父子在查令十字车站出售《图画报》，该报被看作是梵·高创作灵感的来源。在这里，街道的两旁是各种各样的小吃摊，专售热腾腾的点心和烤土豆。梵·高继续向前走，走过特拉法尔加广场[②]。在国家美术

（接上页）世后世后三年，“现代绘画之父”塞尚在自己的展出作品目录中恭敬地签上“保罗·塞尚，毕沙罗的学生”。——译者注

① 克劳德·莫奈（Claude Monet，1840—1926）：法国画家，印象派代表人物和创始人之一。法国最重要的画家之一。印象派的理论和实践大部分都由他推广，擅长光与影的实验与表现技法。——译者注

② 特拉法尔加广场（Trafalgar Square）：英国伦敦著名广场，坐落在伦敦

馆[①]的台阶上，人们悠闲地欣赏纳尔逊纪念柱[②]。广场上到处都是鸽子，三三两两的人从梵·高身边走过。“然后，我忍不住想告诉你的是，伦敦看起来非常有意思，这里的商业贸易、人们的生活方式都与我们的故乡都有太多不同。”这是1873年11月19日梵·高写给提奥的信中说到的。

梵·高独自散步。渐渐地，暮色降临，煤气灯燃起，透过路灯的玻璃罩看过去，细碎的雾滴在光线里跳跃。可惜的是这里太暗，不然梵·高也许会在泰晤士河岸边小坐一会儿，画些画：“每晚从南安普顿大街步行回家，我常常会站在泰晤士河岸边，雾气中的它看起来让人害怕。”从书信中看来，后来他的这种感觉更加明显了。梵·高走过查尔斯一世骑马的雕像，不远处便是英国国王在1649年被斩首的地方，继

（接上页）市中心，东面是伦敦城，北接伦敦的闹市索荷区，南邻白厅大街，西南不远是王宫，适中的地理位置和美丽的场建筑，使它成为伦敦的名胜之一。特拉法尔加广场是为纪念著名的特拉法尔加港海战而修建的，广场中央耸立着英国海军名将纳尔逊的纪念碑和铜像。——译者注

① 国家美术馆（The National Gallery）：又译国家艺廊，建于1824年。位于英国伦敦市中心特拉法尔加广场的正北方向，相当于北京天安门广场正北方向的故宫博物院。当时仅有38幅画作，后来乔治四世说服政府购买伦勃朗、拉尔等人的38幅作品，陆续拓展为现在以绘画收藏为主的国家级美术馆。——译者注

② 纳尔逊纪念柱（Nelson's Column）：位于伦敦市中心的特拉法尔加广场，高51.59米，纪念死于1805年特拉法加海战的海军上将霍雷肖·纳尔逊。兴建于1840至1843年，由威廉·莱尔顿设计，费用47000英镑，科林斯柱式，材质为达特穆尔花岗岩。砂岩雕像的作者是爱德华·霍奇斯·贝利。底座上的四个青铜狮子是由埃德温兰西尔爵士设计。——译者注

续沿白厅①而行，走过苏格兰场②和国宴厅。在梵高面前，出现了威斯敏斯特大教堂③，正是在这里，他第一次嗅到了泰晤士河的气息。

## 河堤

1873 年，伦敦部分地区已经有了地下排水系统，其修建始自 19 世纪后半叶。1851 年万国工业博览会上，冲水马桶首次出现在公众面前——所谓的“新奇把戏”。每个人都想在家里有一个这样的厕所。结果，城市下水道系统无力应付大量的冲水。最终所有都注入了泰晤士河，

---

① 白厅（White Hall）：英国伦敦市内连接议会大厦和唐宁街的一条街。在这条街及其附近有国防部、外交部、内政部、海军部等一些英国政府机关。因此，人们经常用白厅作为英国行政部门的代称。原“白厅”已于 1698 年毁于大火。在白厅的路中心，竖立了一座和平纪念碑，是英国主要的战争纪念碑。每一年的荣军纪念星期日，都会在这里举行庄严的纪念仪式。——译者注

② 苏格兰场（Scotland Yard，又称 New Scotland Yard，The Yard）：英国人对首都伦敦警察厅总部所在地一个转喻式的称呼。苏格兰场负责维持包括整个大伦敦地区的公共治安及交通秩序，但伦敦市除外，该区的警务由伦敦市警察管辖。历史上伦敦警察厅总部曾两次搬迁和重建，现在的总部大楼位于伦敦威斯敏斯特市。——译者注

③ 威斯敏斯特大教堂（Westminster Abbey）：坐落在伦敦泰晤士河北岸，原本是一座天主教本笃会隐修院，始建于公元 960 年，1045 年进行了扩建，1065 年建成，1220 至 1517 年进行了重建。威斯敏斯特教堂在 1540 年英王创建圣公会之前，它一直是天主教本笃会（天主教的隐修院修会之一）教堂。1540 年之后，成为圣公会教堂。——译者注

霍乱在城市里爆发了好几次。1858年的夏天异常炎热，国会大厦里臭气熏天，源头便在威斯敏斯特的泰晤士河畔，是时候该做些事情解决这种状况了。相关的法律签署生效，并通过了议案修建一个新的下水道系统。国会决定开始建造所谓的“堤坝”。泰晤士河被抽干的部分区域开始复垦。这不仅促进了城市道路、公园建设的增加，也缓解了日益加剧的城市交通压力，为地铁和一个新的下水道系统创造了空间。

维多利亚河堤建成于1870年，不久，梵·高便来到这儿。在梵·高居留伦敦期间，其他的河堤也陆续建成了。

1870年，伦敦城里的气味与今日大不相同，不仅仅是排水系统的问题。试想一下，几千匹马挤在街上，都经过专门训练，是市民不可或缺的交通工具。装备齐全的人随处可见，骑术学校和马场就在城市中。沿着路边，到处可见饮马的大石槽。

家庭和工厂都用煤和木材燃烧取暖，这也让城市的气味变得有些独特。比如，沉烟的气味，就是此类燃料使用的一个直接结果。近些年，煤气灯开始流行，到20世纪初，它们已成为了家家户户普遍使用的工具。

1873年秋天，梵·高住在布里克斯顿郊区（现在的朗伯斯区），每天不得不过河上班。按照他的路线，梵·高决定穿过议会街，过威斯敏斯特大桥。他左拐进入布里奇街，1868年，这里安装了伦敦的第一个交通灯。当时，所谓的交通灯只是

◆威斯敏斯特大桥（草图）

两根红、绿色的长杆，现在的交通灯依然还在当年的位置。在议会广场和大桥街的拐角处仰望周围的建筑。在“国会纪念品商店”上面你会看到一块“蓝色牌匾”[①]，以此纪念约翰·皮克·奈特，第一个交通灯的发明者。

站在交通灯的前面，梵·高可以看见议会大厦和大笨钟。考虑到前路依然漫长，他稍加停息，趁机欣赏一下四周景色，蒸汽轮船在桥下驶过，与他一样，船上归家途中的乘客多住在城郊。这让梵·高想起一周前，曾与两位英国友人在此划船旅行。“前阵子，某个星期六，我用了一整天时间与两位英国朋友在泰晤士河划船，这太令人愉快了。”他对提奥写道。梵·高很喜欢漫步在威斯敏斯特大桥上的感觉。几年后，在1875年，当他暂时在古庇画行巴黎分店工作时，店里收到了朱塞佩·德·尼蒂斯的绘画作品，题为“伦敦雨中即景：威斯敏斯特大桥和国会大厦”，梵·高给提奥写信说：

① 蓝色牌匾（Blue plaque）：一种安置在公共场合的永久历史文物标记，以标记名人故居或特殊事件的场所。世界上第一个蓝色牌匾于18世纪设立在英国伦敦。——译者注

每天清晨和夜晚，我都会走过威斯敏斯特大桥。我知道当太阳从威斯敏斯特大教堂和国会大厦后面沉落下去时的样子，也知晓它清晨的模样，以及冬日大雪雾气笼罩下的姿态。

当我看到这幅画，我感到自己是多么地钟爱伦敦。

## 建筑工地

19 世纪到访伦敦的游客，首先注意到的是伦敦在建建筑的数量。这正是伦敦市内各条街道一片混乱的时期。道路不是在建，就是正被拓宽；所有建筑要么正被加高，要么正被拆除以建新的。滑铁卢车站在 1848 年启用，维多利亚车站在 1860 年启用。1864 年，查令十字街甚至成为了一座全新的横跨泰晤士河的大桥的起点。到处都是新建的火车立交桥。1848 年，纳尔逊纪念柱已经竖立在特拉法尔加广场。与此同时，在老城区，一家又一家的银行开始出现。维多利亚与艾伯特博物馆，最初命名为南肯辛顿博物馆，在 1871 年开门迎客。英国皇家艾伯特音乐厅也是在此时启用。自然历史博物馆的建设时间不少于八年，终于在 1881 年开业。

对于步行者来说，桥这边的景色与 19 世纪相比并无太大变化，但是，跨过河，彼岸的风景则大为不同：当时的南岸比现在更加青翠。在它的右边，19 世纪的漫游者会看到一些码头和船坞。伦敦市政厅，河对岸的第一座建筑，当时并不在那儿。今天，这处地方在“伦敦之眼”正对面，对面还有几家酒店、一家麦当劳和一个水族馆。向右是建于 1871 年的圣托马斯医院，当时已经在那儿了。在弗洛伦斯·南丁格尔[①]的建议下——她在那儿建立了著名的护理学校——医院拥有宽敞通风带阳台的房间，这可以使患者充分接触新鲜空气。今天，弗洛伦斯·南丁格尔纪念馆就在它隔壁。

沿路走着，梵·高看见了河对岸的滑铁卢车站。威斯敏斯特大桥上的交通呈现出一个混乱的景象：车、马车、公共汽车互相紧挨着匆忙疾驶，高声叫嚷的司机挥着鞭子驯马而行。就在这样的时刻，煤气灯已经点亮。大群拥挤的工人在人行道上朝梵·高走来。过桥之后，他向右转走过新医院（医院的这部分今天仍在使用）。因为这里景色优美，他决定沿着泰晤士河走，然后穿过兰贝斯宫[②]。当时，这里是坎特伯雷大主教在伦敦的“宫殿”，今天它仍然是其在伦敦的正式居所。今天它还用来储存大主教和英国国教的档案。目前，

① 弗洛伦斯·南丁格尔（Florence Nightingale，1820—1910）：近代护理事业的创始人。出生在意大利的一个优裕家庭，因在克里米亚进行护理而闻名。她是世界上第一个真正的女护士，开创了护理事业。“5·12”国际护士节设立在南丁格尔的生日这一天，就是为了纪念她。——译者注

② 兰贝斯宫（Lambeth Palace）：坎特伯雷大主教在伦敦的官方住所。位于伦敦兰贝斯区，泰晤士河南岸，隔河离威斯敏斯特宫一小段距离的地方。在 1200 年左右被坎特伯雷大主教获得。西有兰贝斯宫路（Lambeth Palace Road），南有兰贝斯路（Lambeth Road），西南有兰贝斯大桥（Lambeth Bridge）。——译者注

兰贝斯宫花园是大主教公园。

梵·高继续前行，沿着1869年建成的艾伯特堤坝，堤上没有下水道，但其建立是为了防止洪水涌入兰贝斯宫。他向右转，进入布罗德街，并走过道尔顿工厂（道尔顿是著名的英国制陶师，至今这栋建筑仍在这里，向左的位置）。梵·高从铁路桥下穿过（今天仍然可以），在他的右边，他立即看到了兰贝斯贫民儿童免费学校，这是为贫困家庭子女提供教育的场所（这座建筑也仍然存在，就在铁轨旁边）。现在，街道变得越发昏暗狭窄：兰贝斯是一个真正的贫民窟。有些房子倾斜得太严重，让人感觉它们随时可能倒塌。一股烧煤的气味在小巷徘徊。这里变得一片漆黑，这些地方几乎没有路灯。

梵·高将外套的衣领竖起，不经意地挺直了背。他走到王子路的尽头，然后右转进入肯宁顿路。不久后，他在那里的常春藤旅舍租了一个房间（现已拆除）。这是一段很长的路，花费了他十分钟，在他的右边，他终于远远地看到了凤凰煤气厂和椭圆体育馆，体育场里的板球比赛（至今仍然）每周举行。顺着右边，梵·高走进肯宁顿公园路，公园位于右侧，他喜欢在那里散步。浓浓的黑烟从天然气工厂的大烟囱里逸出（至今仍然如此）。梵·高继续走在左侧，到了克拉珀姆路，然后左拐进荷兰街（今称考德威尔街），一个稍微好点的街区。梵·高就快到家了，全程走下来也许有些疲惫，然而他更愿意每天这样远足而非乘车，因为这样更省钱。在第三条街向右转，梵·高走进自己居住的那条街：海克福德路。他敲了那栋白色大房子的前门，门上写着87号。他的房东卢瓦耶夫人开门迎接，并问他是否吃了晚餐。她在家辅导的男孩子们已经离开了。梵·高说自己已经吃过了，然后走向花园，径直走去厕所。片刻之后，他上楼回到他的房间，那时他的女房东已经把房间里的壁炉点燃了。

梵·高在家经常阅读《图画报》。1873年9月那期的内容是这样的：六版广告。锡德纳姆水晶宫再次出售门票。然而，梵·高给他在海牙的朋友写信，他丝毫没有冲动去公园看看。新闻的"剪报"部分提到，今年伦敦的死亡人数仅有1319人，这比以往都低。其中，有229例死于痢疾，13例死于霍乱，另外多人死于麻疹、风疹、白喉和百日咳。然后，还有因交通事故死亡，新生婴儿死亡，以及火车相撞事故。其他新闻：尽管天气不好，维多利亚女王仍要去苏格兰的巴尔莫勒尔堡[①]度假。这个事件也被配了一幅漂亮的黑白写生画，画名为《星期天晚上的切尔西医院花园》。"本周头条"是调查泰晤士河发现的死尸。荷兰国王威廉三世在弗利辛恩[②]新开了一处港口：9月8日，尽管天气不好，但一切进行得都很顺利。最后，每周连载，是安东尼·特罗洛普[③]《菲尼亚斯归来》第25章。

晚上8点，梵·高睡了。

如果在伦敦旅行的过程中，你发现自己正遭遇典型的英国

---

① 巴尔莫勒尔堡（Balmoral Castle）：位于阿伯丁郡（Aberdeenshire），一直是女王的私有住宅。——译者注

② 弗利辛恩（Vlissingen）：荷兰城市，位于荷兰西南部瓦尔赫伦岛，是重要的港口。——译者注

③ 安东尼·特罗洛普（Anthony Trollope，1815—1882）：英国著名作家。代表作品《巴彻斯特养老院》《巴彻斯特大教堂》等。——译者注

天气，别灰心。1884年8月4日，梵·高在给提奥的信中写道：

> 我亲爱的提奥，当你身处伦敦的时候，我真想给你写信。……真想跟你再次在伦敦一起散步，最好是在真正的伦敦天气里，尽管这城市有非常忧郁的一面，尤其是在沿河的某些旧区，但同时也有着极其鲜明的个性。

## 梵·高在海克福德路附近散步

2013年3月30日，梵·高诞辰160周年。布里克斯顿（现在正式名称为兰贝斯）开辟了一条步行线路——文森特·梵·高之路。因为梵·高喜欢在这附近漫步，从他在海克福德路87号的家到对面伊莎贝尔街，已改名为文森特·梵·高之路。这里非常值得一走。街上选种的一些花卉和植物也是受了梵·高画作的启发。夏天，这里的居民种上了向日葵，花开隆盛。环绕花圃的石台被出自梵·高信件的名句所装点，还有一些当代艺术家的作品，为孩子们准备的游乐设施已安装完毕。兰贝斯市的顾问团组织了“本地历史之行”：人们从海克福德路出发，到达利奇美术馆或国家美术馆。租自行车骑完全程也可以。

详见网站：www.vangoghwalks.org

地 铁 站：椭圆体育馆或斯托克韦尔

# 六 古庇画行的工作

1869年7月，梵·高在古庇画行海牙分店工作。自此，16岁的梵·高便在其叔父的影响下，开始走入其家族行业，梵·高的名字也是源自其叔父。1841年，梵·高的叔父文森特（昵称“森特”）便在海牙开了一间画廊。不久之后，这家店就成为海牙少数几个艺术品售卖场所之一。19世纪中叶，知名艺术复制品已变成一种普通的消费品，在荷兰大行其道，因为新兴中产阶级手中可供支配的金钱越来越多。森特从巴黎的同事阿道夫·古庇手里买下了这些复制品。1861年，此人买下了“梵·高国际艺术贸易”的多数股权，古庇画行海牙分店正式成立。梵·高的伯伯海因也开始在鹿特丹的书店卖画。1863年，在森特的建议下，古庇画行在布鲁塞尔开设分店，随后海因成为经理。不到一年后，15岁的提奥将在此开始他的画廊生涯。有人说，年轻一代在艺术品商业领域已经超越了上一辈。19世纪下半叶，成立

◆古庇画行 LOGO

于 1827 年的古庇画行已成为一家成功的公司。其分支机构不仅建立在布鲁塞尔和海牙，而且在伦敦和纽约也有。当梵·高调往伦敦分店的时候，古庇画行已经成了世界上最成功的出版商和当代艺术品的零售商。

在这个语境中，“艺术商人”这个词可能不好理解。起初（至少到 1850 年）古庇画行都是以当代艺术家作品的复制以及售卖为主的。因紧跟大众趣味，大获成功。古庇画行最为人称道的就是它的艺术复制品，曾经在巴黎的沙龙上展示。

## 艺术沙龙

巴黎的年度展览旨在展示法兰西学术院[1]下属的知名艺术家作品。最初选择的标准是非常严格的。对于艺术

① 法兰西学术院（Académie française）：法兰西学院（Institut de France）下属的五个学术院之一，是五个学术院中历史最悠久、名气最大的学术权威机构。——译者注

家来说，进入沙龙意味着接受官方认可和职业生涯的提升。不迎合遴选委员会标准的独立艺术家们是被拒绝的，这意味着，他们的作品也被标上了“拒绝”的标签。他们通常能够在城市的其他地方找到展览空间。

这些与法兰西学术院结盟的艺术家从事的领域包括传统的历史画派、讽喻画、历史题材、经典场景和宗教场景。例如风俗画，特别是日常生活的描绘，也很受欢迎。

19 世纪中叶，古庇画行的出品因受到摄影技术革新的影响而更加丰富，从这个时期开始，当代杰出的绘画作品的照片被冲印在卡纸板上，这一类的印刷品成为画廊销售的一个分类。它们尺寸不一，有时按照需要进行手工上色。二十多年后，1873 年 11 月 19 日，梵·高给提奥写信，信中说他欣喜地发现，照片的销售前景很好：“眼见照片销售增长，尤其是彩色照片，是一件令人高兴的事。”这种手工着色的模本利润可观。后来，巴比松画派艺术家的作品也成了古庇画行的销售大头。

## 巴比松

巴比松画派，其名得自法国枫丹白露附近一处小镇，代表人物包括让 - 弗朗索瓦·米勒[①]、荷兰画家约翰·巴托

① 让 - 弗朗索瓦·米勒（Jean-Francois Millet，1814—1875）：法国近代绘画史上最受人们爱戴的画家。纯朴亲切的艺术语言尤其被广大法国农民所

尔德·戎金[①]、夏尔-弗朗索瓦·多比尼[②]、让-巴蒂斯·柯罗[③]。该派构成了对浪漫主义的回应，通常被看作是印象派的前身。

画家们在乡村户外写生，更强调自然风景，尤其注重色彩运用及其在描绘风景时的作用。他们客观地记录眼见的景色。这就是为什么可以将巴比松画派理解为印象派前身的另一个原因了。其成员也受到17、18世纪卓越的风景画家的影响，例如罗伊斯达尔[④]、霍贝玛[⑤]和康斯特勃[⑥]。

---

（接上页）喜爱。代表作《拾穗者》《播种者》等。——译者注

① 约翰·巴托尔德·戎金（Johan Barthold Jongkind，1819—1891）：绘画题材主要是美丽的风景画，其作品经常入选官办沙龙。擅长描绘海景，对光线与空间的效果特别重视，受到17世纪荷兰风景画的影响，在表现清澈的空气氛围及画面构图上极为讲究，这一点使他在19世纪的画坛上具有一定的地位，不可忽视。——译者注

② 夏尔-弗朗索瓦·多比尼（Charles-Francois Daubigny，1817—1878）：巴比松画派代表人物，以描绘法国自然风光和田园乡村生活为主，擅长对自然光影的描绘。摆脱了带有古典倾向和自然主义色彩的如实描绘，大块面的用笔和厚涂使之成为较早的印象派先行者。——译者注

③ 让-巴蒂斯·柯罗（Jean-Baptiste Corot，1796—1875）：法国画家，早年师从古典派画家贝尔坦，因学业优秀而获奖金，到罗马留学了七八年。回国后在巴比松村附近的枫丹白露森林画了很多风景。——译者注

④ 罗伊斯达尔（Jacob van Ruisdael，1628—1682）：17世纪荷兰最为出名的风景画家之一，也是荷兰古典主义风景画的先驱。代表作为《林中小屋》。——译者注

⑤ 梅因德尔特·霍贝玛（Meindert Hobbema，1638—1709）：荷兰画家。早年从师雷斯达尔学画风景画。作品多描绘乡村道路、农舍、池畔等，代表作《林荫道》《磨坊》等，真实地表现了自然界多变的景象，其精确的透视为人称道。——译者注

⑥ 康斯特勃（John Constable，1776—1837）：英国皇家艺术学院院士，

古庇画行显示出与时俱进的眼光：虽然复制销售的画作大多还是来自法国、德国、意大利、比利时的画家，但西班牙画家也被添加到名单中。有位出生于多德雷赫特的荷兰画家，一生在国外广受欢迎，他就是阿里·谢弗[①]。他也参加了巴黎沙龙，其作品经常出现在古庇画行。海牙画派[②]画家的作品也吸引了古庇画行的关注：梵·高最喜欢的该派画家，有约瑟夫·伊斯拉埃尔斯[③]、马里斯三兄弟（雅各布·马里斯、马泰斯·马里斯和威廉·马里斯）[④]、让·亨德里克·维

---

（接上页）19 世纪英国最伟大的风景画家。一开始在英国皇家艺术学院学画，后认为临摹古典风景画不如向大自然学习。作品真实生动地表现瞬息万变的大自然景色，其画风对后来法国风景画的革新和浪漫主义的绘画有着很大的启发。——译者注

① 阿里·谢弗（Ary Scheffer，1795—1858）：荷兰画家，父亲也是是一个画家。在阿里·谢弗所生活的时代，浪漫主义已经开始流行，在当时的法国，德拉克洛瓦、泰奥多尔·席里柯等人色彩亮丽的浪漫主义风格广受欢迎。然而阿里·谢弗却并没有表现出对浪漫主义的兴趣，始终坚持自己的风格，被后人称之为“冷经典”。——译者注

② 海牙画派（Hague School）：荷兰海牙的画家集团，1860 至 1900 年间活跃于荷兰海牙。其作品多以写实手法描绘当地的风俗和风景，被认为是 17 世纪荷兰现实主义画派的延续和发展。画派成员们从康斯特勃和巴比松画派中吸取营养，工于经营气氛式的光影效果，创作宗旨是以抒情但忠实的笔触呈现荷兰风光。——译者注

③ 约瑟夫·伊斯拉埃尔斯（Joseph Israels，1824—1911）：荷兰 19 世纪下半叶最杰出的现实主义画家。——译者注

④ 马里斯三兄弟：雅各布·马里斯（Jacob Maris，1837—1899），30 岁在荷兰就出名，而后赴巴黎深造，深受巴比松画派的影响。他开始放弃细微而运笔纵横洒脱，着眼于一种更加整体壮观的艺术效果，并专注于风景画创作。但他从不在户外作画，用色阴沉，偏好灰色调，擅长描绘荷兰农村。马泰斯·马里斯（Matthijs Maris，1839—1917），则更为内向，他

西恩布鲁奇、安东·莫夫，大家都能看到他们的作品在古庇画行出现。这其中有些画家后来对年轻的梵·高的绘画生涯产生了巨大的影响，在这方面尤其值得一提的是安东·莫夫，他在1874年与梵·高的姨表妹珍特·卡本特斯结婚。

古庇画行主要着眼于当代艺术，却也不会忽视过去的标志性人物。其中最重要的莫过于伦勃朗①，他的画作《以马忤斯》（1648年）于1875年被画行翻印。同年9月，梵·高在给提奥的信中曾说到该画中的耶稣形象是如何地格外动人心魄，整个画面又是怎样地凝重深沉。②

---

（接上页）的神秘气质曾影响到雅各布。由于马泰斯得到了荷兰女王奖，使兄弟俩能够赴安特卫普美术学院学习。在那里，他们认识了伊斯拉埃尔斯及其他荷兰画家。兄弟俩早期画风均以细致精微著称，特别讲究构图。威廉·马里斯（Willem Maris，1844—1910），受两位哥哥的影响，其《牧牛图》艺术手法十分新颖。——译者注

① 伦勃朗·哈尔曼松·凡·莱因（Rembrandt Harmenszoon van Rijn，1606—1669）：欧洲17世纪最伟大的画家之一，也是荷兰历史上最伟大的画家。伦勃朗早年从师拉斯特曼，1625年在家乡开设画室。画作体裁广泛，擅长肖像画、风景画、风俗画、宗教画、历史画等。——译者注

② 伦勃朗的宗教绘画代表作之一《以马忤斯的晚餐》。画面表现的是在一个名叫以马忤斯的小村子里，人们正在饭桌上谈论耶稣遇害的事情。这时，一直在他们身边的一个陌生人说话了，并分给每人一块面包表示对邀请他共同进餐的感谢。这时人们突然惊喜地发现，这位陌生人就是耶稣。画面中耶稣以正面形象坐在桌子的正中央，可以清楚看见他的目光，他以忧患之子的形象出现，似乎对门徒因属灵迟钝而退后感到忧伤。身后背景是幽暗的石廊，大概是晚上，室内有着极其浓重的阴影，象征着十字架死亡的记忆，死亡的深渊有一股吸力，对门徒的信心产生破坏力。画中的门徒是一男一女，画中情景似乎接近门徒快要认出主之前的时刻，门徒妻子的椅子已经开始摇动，她的手已经举起在嘴边，门徒也在迟疑中似乎有所领悟，画面左侧，一个小伙子端着大盘子走进来。耶稣成为

虽然最初古庇画行致力于原画仿制，但随着时间的推移，画行的艺术品交易渐渐有了明显的变化：为了复制的需要，越来越多地购买原画。特别是在巴黎分店，这一变化导致了当代绘画收藏的增加。这些作品迎合了私人买家的需求，越来越多的原作直接从画廊售出。

从某种意义上说，这也成为古庇画行在欧洲其他分店的一种实践。在信中，梵·高描述了自己在画廊的地位，以及他从古庇画行海牙分店的工作中所获得的乐趣。然而，伦敦的情况还是有些不同，这让他略感沮丧。“在这里（伦敦），商店只是一个仓库，这和海牙不同，但我会习惯它，”梵·高写道，“伦敦古庇画行不只是商店，更是一个趸售店铺。”这导致他与顾客的直接交流变少，并不像在海牙时那样。

在一个现代艺术商业观察者的眼里，原作很可能占据了中心地位。在古庇画行伦敦分店则不是这样，然而梵·高坚信自己在伦敦的首要任务只有一个：“我在这里一切都好……虽然伦敦分店不像海牙分店那样令人兴奋。也许我

---

（接上页）光源本身，披肩的长发，正在擘饼，耶稣快要被门徒认出之前的瞬间，空气都凝结了。伦勃朗用光法：人物的脸部被灯光照亮一边，而另一边脸部呈现出一个阴影为边界的倒三角形亮部。这种用光我们称之为伦勃朗用光法。伦勃朗用光法是一种经典的肖像用光，它使人像的两侧脸部因照明变化而显得生动，人物脸部有较强的立体感。他这种魔术般的明暗处理构成了他的画风中强烈的戏剧性色彩，也形成了伦勃朗绘画的重要特色。在伦勃朗的画中，光成了精神的象征，并由于其厚度及其对万物生命增长的激发之必要元素，故也同时赋予了绘画材料以生命。——译者注

在这里会让一切越来越好，特别是对未来有益。我也许可以发挥些作用，如果能让画作贸易变得更加重要。”1873年11月19日他写道。

梵·高如愿以偿了。到1874年，伦敦的生意大好，古庇画行接管了附近的另一个画行，并把它变成了一个真正的“画廊”：霍洛韦父子画廊，位于贝德福德街25号（该建筑已不存在），斯特兰德大街的另一侧，步行不远就是南安普顿大街。

从那时起，伦敦分店就开始组织自己的展览，并且开始售卖原作：“我们的画廊做好准备了，并且前景看好，当下，我们有很多美丽的画作……4月我们会举办一次展览。”梵·高1875年初在给提奥的信中写道。

2013年，古庇画行艺术品销售业务不复存在，虽然在法国小镇波尔多，你仍然可以找到古庇画行博物馆。

虽然就职于古庇画行，梵·高仍被介绍给伦敦其他的艺术品销售商。他常常拜访好友哈利·格拉德威尔的父亲的店铺：亨利·威廉姆·格拉德威尔的画廊，其时坐落于恩典堂街20—21号。这家生意至今仍在，最近还在伦敦骑士桥附近开业，时下的名字叫“格拉德威尔画作经销商”。

在古庇画行期间，梵·高初识了经销商范·威瑟林（Van Wisselingh），梵·高在海牙工作期间，威瑟林在伦敦分店工作。1876年，威瑟林已经让古庇画行成为了丹尼尔·柯蒂耶公司（Daniel Cottier）的商业伙伴，自己也当上了柯蒂耶公司的经理。这个公司专业制作彩色玻璃，位于伦敦波迈街8号，皮卡迪利广场[①]和圣詹姆斯公园[②]之间。至今，在哈莱姆区的荷兰城里还有个艺术品商店，以威瑟林命名。1876年10月7日，梵·高在给提奥的信中写道：

> 现在我将告诉你，我今天在伦敦的步行轨迹。中午离开店铺，5点到6点之间回家，顺路给父母寄信。
>
> 当我走在附近的街道上，伦敦大部分画廊都在斯特兰德大街附近，就会遇到很多熟人。由于是午餐时间，所以大街上人来人往，或是刚刚走出办公室，或是正要赶回办公室。首先，我遇到了一个过去常常在此传教的年轻牧师，我在那时与他聊熟了……后来我去看威瑟林，在那里我看到了给教堂的两扇窗户画的草图。

多年来，这两扇铅化玻璃窗不知所终，一直是个谜。直到2011年夏季，艺术史学家马克斯·唐纳利才发现了它们。在进行田野调查的时候，他偶然发现了乌瑟伯里的圣安德

---

① 皮卡迪利广场（Piccadilly Circus）：伦敦索霍区的娱乐中枢，它由纳什于1819年设计，以实现摄政王连接卡尔顿宫和摄政公园的梦想。这个热闹的十字路口区以“爱神”像为中心，广场中央耸立着一尊由艾伯特亲王所雕塑的厄洛斯单足挺立的雕像，它是第一座用铝铸成的塑像。当全裸的雕像1893年安放在广场时，引起了维多利亚时代的卫道士的不满，但神像却很快成为伦敦的象征。——译者注

② 圣詹姆斯公园（St. James's Park）：面对白金汉宫，原本是圣詹姆斯宫的鹿园。17世纪时，查理二世聘请法国景观设计师重新造景。19世纪初，经过英国著名建筑师进一步美化，至今成为英国伦敦市中心最美丽的公园。——译者注

鲁斯教堂的窗户，乌瑟伯里是位于温彻斯特附近的一个小村庄，伦敦向南一小时路程可到。在英国艺术刊物《伯灵顿》杂志 2011 年 9 月号，唐纳利写了一篇关于此次发现的文章，标题是《一张如此高贵的面孔：文森特·梵·高、丹尼尔·柯蒂耶和诺斯埃斯克纪念馆》。后经证实，这里的两处彩色玻璃窗是诺斯埃斯克伯爵在妻女死后，委托教堂所作。两扇窗户描绘的都是圣母玛利亚。伯爵的妻子乔治娜，即诺斯埃斯克伯爵夫人，在 1874 年去世，时年 63 岁，被描绘成一个年长的玛丽亚。而他的女儿，玛格丽特小姐，于 1871 年 23 岁早逝，则表现为一个年轻的圣母像。梵·高在信里继续写道：

> 在居中的一扇窗户上，有一位年长的女士画像，一张如此高贵的面孔，上面写着“你的意愿已完成”；在另一扇窗户上，是女儿的画像，上面写着：“信就是所望之事的实底，是未见之事的确据。”

诺斯埃斯克家族在乌瑟伯里享有很高的声望，有一所乡间别墅（朗伍德庄园，遗憾的是现在已被毁坏）。母女俩在村子里建立了学校，如今这些靠近教堂的建筑仍作为居所被使用。女儿被葬在教堂内的家族墓园中。今天，这间教堂对公众开放，那些对彩色玻璃窗满怀敬意的人都可以进来参观。每个周日举办的宗教活动，也欢迎游客参加。

## 七 走，去画伦敦的奥斯丁会修道士

1873年7月至1874年5月间，梵·高拜访了荷兰改革教会奥斯丁修道院，位于伦敦老城的中心地带。梵·高是否真的定期参加荷兰语宗教活动仍是未知的，但考虑到他深深的宗教信念和与生俱来的好奇心，这是很可能的。1874年，教会的牧师是来自荷兰小镇皮尔默伦德的阿德里安·迪尔克·阿达马·范·薛特曼。梵·高曾经送给妹妹安娜一幅自己的画，并附说明：

> 这间小教堂是古老的奥古斯丁修道院（奥斯丁派教士）的一处重要遗迹，可以上溯到至少1354年，或者再早100年。自1550年以来，凭借爱德华六世的捐助，荷兰教会在此举行宗教仪式。

曾经，在亨利三世免除了宗教的利益之前，英国是一个天主教国家。这个修道院的历史可以追溯到1253年，比梵·高在信中告诉安娜的时间早了整整一个世纪。1354 年，梵·高提到的那一年，教会取得了额外的土地，教会场所得到了翻新与拓展。1538 年，最后的僧侣离开了这处建筑，它便空置了一段时间。

16 世纪 30 年代，国王亨利八世[①]公开谴责天主教。亨利八世为了跟阿拉贡的凯瑟琳[②]离婚，而与罗马教会反目。亨利八世只想娶安妮·博林[③]为妻。事实上，1533 年，亨利八世在威斯敏斯特教堂实现了这一心愿。紧接着，亨利八世任命自己担任英国新教领袖。1547 年，亨利八世逝世，当时他的儿子爱德华六世只有 10 岁，便依序继承王位。在他的统治下，英国新教兴盛起来。爱德华六世对新教难民也很照顾。难民中有许多荷兰人，他们逃离荷兰，试图摆脱西班牙（天主教）的压迫。国王爱德华六世准许他们在伦敦的前奥古斯丁修道院修行。以前的天主教堂其时已大多空置。该教堂的名称仍然叫做奥斯丁修道院。

1550 年，伦敦人口构成中包含许多外籍人士。他们或

① 亨利八世（Henry VIII，1491 年 6 月 28 日—1547 年 1 月 28 日），英格兰亨利七世次子，都铎王朝第二任国王，1509 年 4 月 22 日继位。他也是爱尔兰领主，后来成为爱尔兰国王。——译者注

② 阿拉贡的凯瑟琳（Catherine of Aragon）：英国国王亨利八世的第一任王后，英格兰玛丽一世的母亲。阿拉贡的凯瑟琳一生经历两次婚姻，先于 1501 年嫁给亨利七世的长子亚瑟王子，后于 1509 年嫁给亨利八世，两段婚姻均被取消。——译者注

③ 安妮·博林（Anne Boleyn，1501 年 /1507 年—1536 年 5 月 19 日）：英格兰王后，英王亨利八世第二任妻子，伊丽莎白一世的生母，威尔特伯爵汤马斯·波林与伊丽莎白·波林之女。——译者注

是来伦敦工作，或是逃离本国的宗教冲突。这些荷兰人、比利时人和德国人中以工匠居多：金匠、钟表匠、印刷工、眼镜商、皮革工匠、裁缝，但其中也有部分艺术家、庭园设计师和科学家。他们不一定受英国人欢迎，因为他们对英国（本地）工匠构成了威胁。1550 年，荷兰人进入了这个前修道院。

1553 年，爱德华六世英年早逝，继任者是他同父异母的妹妹玛丽·都铎，她是极其虔诚的天主教教徒。这位“血腥玛丽”在任期间开始对新教进行打压。然而，1558 年，在其死后，她的继任者伊丽莎白一世①建立了我们今天所知道的英国国教。英国圣公会②属于新教，却保留着许多天主教的传统和仪式。伊丽莎白一世将教堂归还给了荷兰人，在这个过程中，教堂里的会众增至 1200 人左右。

因奥斯丁修道院在此而得名的小街，位于伦敦旧城，旧城的部分地方因其中的各类银行（针线大街上的英格兰银行）

① 伊丽莎白一世（Elizabeth I，1533 年 9 月 7 日－1603 年 3 月 24 日）：亨利八世和他的第二个妻子安妮·博林的女儿，1558 年 11 月 17 日至 1603 年 3 月 24 日任英格兰和爱尔兰女王，是都铎王朝的第五位，也是最后一位君主。她也是名义上的法国女王。她一生未婚，因此被称为“童贞女王”（The Virgin Queen），也被称为“荣光女王”（Gloriana）和“贤明女王（或好女王贝丝）”（Good Queen Bess）。——译者注

② 英国圣公会：英国的国家教会及安立甘宗（Anglican Communion）的母教会。基督教于 2 世纪传入不列颠，后几乎被入侵的盎格鲁－撒克逊人摧毁，597 年坎特伯里的圣奥古斯丁（Augustine of Canterbury）来此地传教，才得以恢复。中世纪时教会和英国间的冲突，因宗教改革运动（Reformation）时亨利八世与天主教决裂而达到顶峰。——译者注

和交易所（伦敦皇家交易所、证券交易所）而闻名，简而言之：城市的金融中心。

### 皇家交易所

今天，仅在工作日开放交易的皇家交易所成了一个高端商业区，大牌商户云集，比如蒂凡尼、古奇、卡地亚、爱马仕，以及各类高档饭店，值得一去。该建筑于1845年由维多利亚女王正式揭幕，随后两次在火灾中损毁。直到1939年，这里都是伦敦的贸易中心，甚至在之前的一个世纪，这座建筑的上层楼面也已被数以百计的小商店所占据。这里曾是，从某种意义上说，至今仍然是商人们集中谈生意的场所，因为城市人群习惯相约一起喝咖啡或吃午餐。玻璃屋顶覆盖整个庭院，如今这里有一个平顶，过去则是露天的。自1875年起，整栋建筑的外观并没有变化，当时梵·高一定曾经从这里走过。

当你走入这片区域，就不会错过它。这里，在伦敦最古老的地方，迷宫般的街道和小巷，中世纪的拱门，庄严的新旧建筑混搭而立，你会发现许多身穿黑色职业套装、手拿黑色雨伞的男男女女。午餐时间，他们都会从办公室出来。在梵·高的时代，这种场景与现在并无二致，只是，当时的男士仍然带着高顶礼帽，女士都身穿长裙。黑色出租车被满街的马拉有轨电车所取代。这是金融区繁忙的时候。想象一下，成百上千的铁路股票和债券交易在此发生：1847 年，铁路股市泡沫趋于白热化，当时，这些股票创造了几乎百分之七的英国国内生产总值。

在梵·高的时代，伦敦的金融市场正蓬勃发展。大都会的各种新生银行迅速扩张，如雨后春笋般冒出来，街上熙熙攘攘，皆为利来。整个 19 世纪 70 年代，每天约有 20 万人在城市里上下班，主要都是在银行和其他金融机构工作。近年来，伦敦的荷兰移民数量也在持续增加。

而每个周日，这附近就像是完全被丢弃了，19 世纪的情况与之相似，这一点我们可以从默里的旅行指南中读到：“特别是这个位置……夜幕降临时，尤其是周日，向我们展示了一个被遗弃的城市。”对于乘地铁而来的旅行者，最近的地铁站是利物浦街或银行站。

梵·高来到伦敦，不只为了工作。站在他画的奥斯丁会的教堂前，想象着他拿着速写本，坐在台阶上或随身带着的小凳上。不要惊讶于你无法从他的草图上认出这个教堂。1940 年 10 月 15 日晚，闪电战[①] 期间，原来的老教堂在德军的轰炸中被彻底炸毁。当时，那里的荷兰社区已经相当大了。荷兰女王威廉敏娜[②] 以及她的整个政府都迁往伦敦，成立了“流亡

① 闪电战（德语：Blitzkrieg）：又称闪击战，是一种军事术语，采用移动力量迅速地出其不意地进攻，以避免敌人组织起防御线。闪电战是脱胎于 19 世纪普鲁士参谋部的战术——“开火渗透”（Fire and Infiltration）。——译者注

② 威廉敏娜女王（Wilhelmina）：威廉敏娜·海伦娜·葆琳·玛丽（Wilhelmina Helena Pauline Marie），1880 — 1962），荷兰女王（1890 至 1948 年）

政府”。回溯至1874年，军人、海军军官和“平民”难民，所有人都抵达了伦敦利物浦街。荷兰社区在波旁街的一个小教堂里找到了一个临时的居所，叫做圣玛丽堂。接下来的十年，宗教集会一直在梅菲尔区（the Mayfair）附近这处废弃的房子里举行。

在战争年代，荷兰人在每年的5月10日都会修整这间被损毁的教堂，以此祈祷和平，铭记阵亡的士兵。1941年5月10日，威廉敏娜女王出席了纪念活动。教堂内悬挂着一幅画，就是为了纪念这一场景。

目前的建筑可追溯到1950年，时值教堂奠基400年。新教堂的第一块砖由当时仅有10岁的荷兰公主艾琳在旧址上竖立，建造历时四年。教堂内仅存的一块旧地板，现在由玻璃保护起来，向来访者提醒旧建筑的存在。教堂司事会很乐意带你在其中走走看看。

## 荷兰改革教会奥斯丁修道院／第七荷兰教堂

地　　址：英国伦敦奥斯丁修道院

邮　　编：EC2N 2HA

开放时间：教堂在每月的第二、第四个星期二向公众开放参观；每个星期日上午11点进行礼拜活动。

地 铁 站：银行

（接上页）和王太后（1948至1962年）。——译者注

## 八 在圣保罗大教堂[①] 拜访特纳和雷诺兹

1876 年 8 月 17 日，梵·高坐上火车，从伦敦东部的刘易舍姆区向里士满缓慢行进。梵·高要去拜访哈利·格拉德威尔，他们相识在巴黎。梵·高此次拜访的时机稍显伤感：哈利的妹妹前些天去世了，只有 17 岁，是堕马而亡。后来，哈利陪着梵·高到火车站：

> 我们在车站来来回回地走着，在寻常的世界，却有一种不寻常的感觉。这种时刻持续不了多久。不久，我们就互相告别了。

① 圣保罗大教堂（St. Paul's Cathedral）：世界著名的宗教圣地，世界第五大教堂，英国第二大教堂，也是世界第二大圆顶教堂，位列世界五大教堂之列。最早在 604 年建立，后经多次毁坏、重建，由英国著名设计大师和建筑家克托弗·雷恩爵士（Sir Christopher Wren）在 17 世纪末完成这一伦敦最伟大的教堂设计，整整花了 45 年的心血。——译者注

随后，梵·高坐上火车，放眼窗外。第二天，他给提奥写了一封信：

> 看着窗外的伦敦，景色真美。远远地，圣保罗大教堂和其他各式教堂在黑暗中沉静伫立。

目睹此景不久，他的好奇心又被激起，便去参观圣保罗大教堂。在参观完哈利·格拉德威尔曾工作过的画廊之后（亨利·威廉·格拉德威尔的画廊在教堂街20—21号），梵·高循着雄伟的阶梯、穿过巨大的前门进入教堂，如今这扇门仅在女王造访的时候开放。1876年10月7日，当时圣保罗大教堂是英国最大的国教教堂，也是唯一拥有圆顶的教堂。大教堂由著名建筑师克里斯托弗·雷恩设计。1666年伦敦大火[①]后，他主张在原教堂旧址上建立一个新教堂。除了修建圣保罗大教堂，伦敦大火后，雷恩还负责监督其他50多座教堂的建造。整个建造耗时35年，雷恩总算活着看到它完工。梵·高又能在教堂里看到什么呢？可以肯定的是，他去看了位于地下室的"画家之角"（the Painters Corner）。因为这里葬着他敬佩的两位画家：一位是约书亚·雷诺兹爵士[②]，逝于1792年；另一位是约瑟夫·

① 伦敦大火（Great Fire of London）：发生于1666年9月2至5日，是英国伦敦历史上最严重的一次火灾，烧掉了许多建筑物，包括圣保罗大教堂，但切断了自1665年以来伦敦的鼠疫问题。——译者注

② 约书亚·雷诺兹（Joshua Reynolds，1723—1792）：英国18世纪肖像画

◆圣保罗大教堂

马洛德·威廉·特纳[①]，葬于1851年。他们亲如兄弟似的在此并肩长眠。约翰·埃弗里特·米莱斯爵士[②]也长眠于此，但是

（接上页）家。曾在伦敦从师肖像画家托马斯·赫德森习画。1749年赴意大利，在罗马潜心研究意大利绘画艺术。1753年定居伦敦，创建画室，定件蜂拥而至，不久成名。1768年创建英国皇家艺术学院，出任第一任院长。一年一度向全院发表演讲，阐述其艺术思想。共绘2000多幅肖像画。代表作有《阿尔贝玛伯爵夫人安娜像》（1757—1759年）、《内莉·奥勃伦像》（1760—1762年）、《约翰逊博士像》（1770—1780年）、《托马斯·梅里克夫人像》（1782年）等。——译者注

① 约瑟夫·马洛德·威廉·特纳（Joseph Mallord William Turner，1775—1851）：英国著名艺术家，19世纪上半叶英国学院派画家代表，在西方艺术史上无可置疑地位于最杰出的风景画家之列。——译者注

② 约翰·埃弗里特·米莱斯（John Everett Millais，1829—1896）：19世纪英国画家，是拉斐尔前派的三个创始人中年龄最小、才华最高的一位（其

梵·高生活的年代他依然健在。1723年，克里斯托弗·雷恩爵士本人也被埋葬在圣保罗大教堂地下室中，这让他获得了无上荣光。

### 圣保罗大教堂

地　　址：英国伦敦圣保罗大教堂

邮　　编：EC4M 8AD

开放时间：每天开放，门票包括特展，全年有效。游客可以参加定期、免费的礼拜活动。星期天免费。每天下午5点左右，可以聆听男童唱诗班的音乐，这也是免费的。

地 铁 站：圣保罗大教堂

他两位是亨特和布朗）。其油画《基督在自己父母家中》（1850年）中体现了拉斐尔前派精神，但也引起很大争议。以画风细腻著称。19世纪50年代，其艺术进入成熟阶段，作有《释放令》（1853年）、《盲女》（1856年）等优秀作品，并作有风景画和人物画。1896年出任英国皇家艺术学院院长。——译者注

# 九 出城

——对博克斯山的渴望

乔治·兰伯特（1700—1765）通常被称为“英国风景油画之父”。《萨里郡[1]博克斯山即景》（*A View of Box Hill, Surrey*）是他最著名的风景画。该画目前收藏于泰特美术馆。梵·高很有可能看过这幅画。到伦敦后一个月，即1873年6月13日，他给提奥写下了第一封信，梵·高在信中写道：

上周日，我与上司阿巴赫先生去博克斯山郊游。山很高，从伦敦到那儿需要六个小时。博克斯山部分是白垩[2]纪地层，高大的棕榈树[3]覆盖其上，而在另一边则是

① 萨里（Surrey）：英格兰东南部行政郡，位于泰晤士河畔。——译者注

② 白垩（chalk）：又称白土粉、白土子、白埴土、白善、白墡。是一种微细的碳酸钙的沉积物，是方解石的变种。白垩一般主要是指分布在西欧的白垩纪的地层，而白垩纪一名即由此而来。作为矿物的白垩一般用来制造粉笔等产品。——译者注

③ 根据后文内容判断，此处的“棕榈树”实为“黄杨木”。——译者注

挺拔的橡树。这里的郊野风光壮美瑰丽，完全不同于荷兰或比利时，到处都是一片茂盛的公园，高大的树木和低矮的灌木相互交织，通行的小径穿插其间。

步行需六小时才能到达伦敦南部萨里的这处景地。梵·高真的在一天之内走完了全程么？

幸运的是，今天博克斯山属于英国国家名胜古迹信托[①]的一部分，也是北唐斯[②]知名的远足目的地，因此可以搭乘公共交通工具很容易地抵达。与19世纪一样的是，维多利亚车站和多尔金之间有通行的火车。当时一趟耗时90分钟，今天大约需要50分钟。在2012年奥运会期间，博克斯山是公路自行车赛的场地。男选手们不得不九次骑上臭名昭著的“之”字形路[③]，女选手们则是两次。

---

① 国家名胜古迹信托（National Trust for Places of Historic Interest or Natural Beauty）：英格兰、威尔士和北爱尔兰的保育组织。苏格兰并没有该协会，因为当地有独立的苏格兰国家信托（National Trust for Scotland）。国家名胜古迹信托是世界上最大的保育组织和慈善团体之一，同时也是全英国最多会员的组织。协会的主要收入来自会费、捐款、遗赠产和透过商业活动所得之利润。——译者注

② 北唐斯山（North Downs）：泰晤士河谷南面的白垩丘陵。——译者注

③ 自行车选手在盘山路比赛时，一般是走“之”字形路线，曲折盘旋地前进。实际生活经验告诉我们，无论走路、骑车还是开车，当从低处向高处攀爬时，都会比在平地上吃力，并且爬坡度大的斜坡比坡度小的斜坡更费力。为了尽可能地增大向前的合力，在可变条件中，我们应该想办法减小坡度，使阻力减小，这样更利于爬坡。仔细观察这些盘山公路，你会发现它们都是呈梯形盘绕着，弯弯曲曲地延伸，又弯弯曲曲地下来。这里所依据的道理就是将高坡度改为低坡度，上山就容易了。——译者注

需要提醒的是，梵·高所说的“棕榈树（palm）”并不是我们理解的那种随风摇曳的棕榈树。事实上，萨里郡比英格兰北部要暖和，但它并不意味着炎热。博克斯山（Box Hill）是因当地生长的黄杨树（box trees）而得名。奇怪的是，这些树有时被称为棕榈树，但这两种树并没有联系。在查尔斯·狄更斯的《伦敦辞典》中是这样描述博克斯山的：

> 景色优美。白垩土，非常有益健康，但几乎找不到房子。一个野餐的好地方……

19世纪，野餐成为一种受人喜爱的消遣方式。走出家门在田野郊外野餐被看作是一件浪漫的事。以爱玛·伍德豪斯为例，她是简·奥斯汀的小说《爱玛》（1815年）的女主角，萨里本地人，夏天她总喜欢与同村友人一起去博克斯山野餐。因为从来没有去过那里，她很好奇别人发现的周遭特别之处。“因为博克斯山，他们度过了美好的一天。”

### 博克斯山

地　　址：英国萨里郡塔德沃思

邮　　编：KT20 7LB

开放时间：上午11：00—下午5：00。公园开放至黄昏（商店内销售地图等）。

火 车 站：维多利亚车站至多尔金

## 十 在泰晤士河畔唱赞美诗

1876年春天，梵·高向伦敦（肯宁顿）的一位牧师发了求职信。梵·高偶尔会去牧师所在的教堂做弥撒，自己也想做一个牧师。因为对于梵·高来说，这段时间他是经常来回奔波的，长驻伦敦，间或在巴黎逗留。1875年春，梵·高又转至古庇画行巴黎分店。几周后，他又到了古庇画行总部（也在巴黎）。最终，梵·高被解雇了。在1月10日，他写信给提奥：

> 当苹果成熟的时候，它所需要的仅仅是一阵温柔的清风，使之从树上落下，我也一样。我肯定是在某些方面有过失，所以没有什么可说的。

这个小插曲之后，梵·高意在返回英国，并开始在那儿找工作。“我在英文报纸上看招聘广告，已经申请了几个，祈祷可以如愿。”梵·高在1月24日写道。在收到几封拒绝信后，

3 月底，他受聘于威廉·斯托克斯先生，在拉姆斯盖特所开设的男子学校做一名见习教师。拉姆斯盖特是英格兰东海岸上的一个海滩小镇，距离伦敦约 120 公里。梵·高主动提出尝试一下这个工作（一个月），不要薪水，但要管吃住。在短暂回家探望父母之后，他再次登上了去往英国的航船。梵·高将留在拉姆斯盖特至少三个月。1876 年 7 月，斯托克斯先生决定将学校迁至艾勒沃斯，在当时，这里还是伦敦西边的一个小村庄。梵·高也随之去了艾勒沃斯，在这里，他一开始没有薪水。为了维持自己的生活，梵·高不得不在拉姆斯盖特另寻兼职。1876 年 6 月 17 日，他写信告诉提奥自己的计划："我想找的工作，最好介于牧师和传教士之间，位于伦敦的郊区，在工人们中间。"他在给伦敦牧师的申请信中，总结了他之前的职业生涯：辗转于各地的古庇画行——海牙、巴黎、伦敦，最后在拉姆斯盖特的男生学校里做了两个月的老师。1876 年 7 月 3 日，梵·高写信给提奥："因为我可以说多国语言，尤其是我在巴黎和伦敦多与底层阶级和外国人交流，一直以来，自己也是一个外国人，我也许会非常适合做这个（工作）。"

虽然我没有受过教堂的训练，但也许我过去的行游经历对我有帮助；在不同国家的生活体验；与各种各样的人打交道，无论他们贫或富，是否有宗教信仰；做过各种各样的工作，体力劳动与办公室工作交替进行；又或许也是我能说多种语言的能力，这些都将弥补我所缺乏的那部分正规训练。

虽然牧师承诺尽自己最大努力帮助梵·高，但依然无济于事。在艾勒沃斯，梵·高来到了特威克纳姆路183号，斯托克斯先生的新学校。然而不久他发现，沿着这条街走到158号，有一所名为霍姆斯院的学校会给他一份带薪的工作。于是，梵·高又搬迁了。这所“卫理公会[①]教徒”的学校面向一小部分男孩，为其提供教育和膳食，该校由牧师托马斯·琼斯所办。

琼斯先生让梵·高放心，几个月内便会找机会让梵·高在伦敦西部的一些小教堂进行传教活动。霍姆斯院的建筑至今仍在，今天它已成为一片公寓大楼的一部分，相邻的街道被称为梵·高弄（Van Gogh Close），上面悬挂一块蓝色的牌子，写着：梵·高曾在此居住（房子本身其实是一个办公室，而非公寓）。

梵·高的房间在建筑背面第四层。越过庭院向外看，经过一天的工作，梵·高经常抽着烟斗走向花园。“花园里有许多老冬青，人们将老树枝修剪掉。现在这里都是洋溢着新鲜气息的新枝丫，它们全都是白色或嫩黄色的，间或有一些粉红色的叶子，真是非常可爱。我捡了一把，放在桌子上。”梵·高在给提奥的信中说。他楼下就是男孩子们的房间。梵·高教学生宗教课，并在晚上睡觉前给他们讲故事或安徒生[②]的童话。

---

① 卫理公会（The Methodist Church）：基督教新教卫斯理宗的美以美会、坚理会和美普会合并而成的基督教教会。现传布于英国、美国、中国等世界各地。——译者注

② 汉斯·克里斯蒂安·安徒生（Hans Christian Andersen，1805—1875）：丹麦19世纪著名的童话作家，既是世界文学童话的代表人物之一，也是个虔诚的基督教徒，被誉为“世界儿童文学的太阳”。——译者注

当时，安徒生是一个广受欢迎的作家。

现在，里面的许多公寓正在出售或出租。房地产经纪打出的广告语是：霍姆斯院靠近“旧艾勒沃斯”、泰晤士河和塞恩公园。

1876 年，艾勒沃斯是泰晤士河沿岸的一座小城，距伦敦 15 公里，被黄色的油菜花田环抱。今天，它是“大伦敦”① 的一部分。特威克纳姆路是主路，笔直地穿城而过。城东是塞恩公园。1876 年 8 月 18 日，梵·高从里士满步行至艾勒沃斯：

> 我搭乘火车到里士满，后沿泰晤士河步行至艾勒沃斯，这是一段令人愉快的路程。左边是种满高大杨树、橡树和榆树的公园，右边是潺源不息的河水，树影倒映其中。

同年 9 月，梵·高写信给提奥，述说自己不应该害怕“晚上走在路上，周围寂静无人，唱着赞美诗，比如《逃脱猎人追捕的渴慕之鹿》”。他形容自己走在伦敦的感受：

---

① 大伦敦（Greater London）：位于英国英格兰东南部，是英格兰下属的一级行政区划之一，范围大致包含英国首都伦敦与其周围的卫星城镇所组成的都会区。行政上，该区域是在 1965 年时设置，其下包含了伦敦市（City of London）与 32 个伦敦自治市（London boroughs），共 33 个次级行政区。除了是英格兰的一级行政区外，大伦敦也是欧洲议会选区（European Parliament constituency）之一，设有九个欧洲议会议员（MEPs）席次。除了是整个英国的行政中枢所在地外，大伦敦地区也是英国人均国内生产总值最高的行政区。——译者注

每当我走在伦敦的街道上，都能感到“他”的重生，“他”的爱。

同年 11 月，梵·高走在相同的路上，但这一次，方向相反：在一个“美丽晴朗的秋日”，他从艾勒沃斯步行去里士满，又一次沿着泰晤士河而行。在这样的季节，梵·高看见“岸边高大的栗子树挂满金黄的树叶”倒映在水中。

今天，这片区域看起来与过去非常相似：如果你搭乘火车到达里士满（这座小镇也值得一游，可以从滑铁卢车站或克拉珀姆枢纽站乘车抵达），然后步行去艾勒沃斯，你可以沿着“泰晤士河路”前行，它是国家步道的一部分，跟泰晤士河一样长。这条小路始自科茨沃尔德，后经牛津到伦敦格林尼治。它绵延 294 公里，步行全程将花费两周多时间。

里士满到艾勒沃斯之间的这段路（根据沿线的路标指示），与繁忙的特威克纳姆路平行，但它们距离太远，步行者不会受到来自那条路上的任何干扰。向右看，你会发现为什么梵·高喜欢走这条路：老鹿园正位于此，在这里，你穿过被古老的黑橡树和宁静的垂柳围绕的一大片郁郁葱葱的绿色田野。如果你继续前行去往艾勒沃斯，将会在里士满水闸那儿渡过泰晤士河，这是一个非常美丽的存水湾，在梵·高生活的时代还没有（1894 年才完工）。梵·高可能从右边的桥上通过（是今日的桥的前身：从 1871 年的地图上可以看到，在同一位置有一座桥），或者他是乘小船通过。11 月 3 日，他写道：

透过层层叠叠的树冠，我看见里士满坐落于山间，红顶的房子，没有窗帘的窗户，还有绿色的花园，上面是灰色的塔楼。向下看，灰色的大桥两边种满了挺拔的杨树，人群穿行其间，像一个个黑色的小点。

## 新靴子

在开始新工作时，梵·高觉得自己应该有一番新面貌。1876 年 10 月，他写道：

我希望明天能第二次收到新工作的一些报酬，并用它来买一双新的靴子和一顶新的帽子。然后，上帝保佑，我们将"重新开始"。

## 十一 从早到晚游走在英格兰

梵·高发现无论自己在哪里，总是喜欢四处游荡，用他自己的话说，“我尽可能多”地走走看看。在伦敦，梵·高在街上闲逛几个小时，像一个朝圣者在寻找上帝的爱。梵·高还经常步行超出市区范围，几个小时，甚至连续几天。作为一名教师，梵·高愿意与学生同行，一路给他们讲了不起的故事。对梵·高来说，出行让他觉得自己是在进行朝圣之旅。梵·高在英国的第一次布道之旅中，回到了朝圣者的话题上，以《圣经·诗篇》第119章第19节的名句开场：“我在世为羁旅，尔之诫命，勿隐于我兮。”他继续道：

这是一种古老的信仰，这是一种高尚的信念，我们的生命是一场朝圣。地球上的我们互为陌生人，虽然如此，但我们并不孤单，主与我们同在。我们是朝圣者，我们的生活是漫长的一段路，是从人间到天堂之旅。

1876年，梵·高写到了鲍顿的一幅画（他在古庇画行见到了这幅画的素描线稿），这幅画表现了相同的主题，深深地吸引了他。很长一段时间里，它的主题都被认为是“祝愿去往坎特伯雷的朝圣者一路平安”。

时至今日，对此却有争议。梵·高的描述与画中的景色并不相符。他是这样写的：“我跟你说过鲍顿的那幅《天路历程》（*The Pilgrim's Progress*）吗？”紧接着，梵·高解释了画布上的内容：

临近傍晚，砂路越过一众山丘通往群山之间。在山上，圣城被夕阳镀上一层红光，在傍晚暗灰色云层的衬托下，更显明亮。

路上有一位欲赴圣城的朝圣者，他已然疲惫不堪，向站在路边一袭黑衣的女子问询，那女子名叫“忧愁，却常常快乐”。

顺着这条路，能上山么？
“可以，路尽头。”
行程需要一整天么？
“从早晨到晚上，我的朋友。”

根据梵·高的描述，这并不是一幅写实的画作，尽管它为梵·高的“朝圣之旅”提供了重要灵感来源。梵·高也提到自己非常“推崇”约翰·班扬[①]的那本《天路历程》[②]。该书分为上、下卷，分别于1684年和1778年面世，英国作家约翰·班扬（也是一位牧师）在这本书里，将人的生命看作是一次风景之旅，为了到达最终的目的地，流浪其间的人必须不断做出各种各样的决断。

1876年3月，时逢暂住巴黎，梵·高在信中向提奥提及他在1873年从伦敦到布莱顿的“朝圣之旅”。布莱顿是英国南部沿海城市（徒步约90公里）。他深情地忆及此次行程。白天行路，晚宿“路畔旅社”，在梵·高看来，英国的这些小旅馆“非常可爱”。梵·高继续道，“正如朗费罗[③]在他的押韵

---

① 约翰·班扬（John Bunyan，1628—1688）：英国著名作家、布道家。出生于英格兰东部区域贝德福德郡的贝德福德。青年时期曾被征入革命的议会军，后在故乡从事传教活动。1660年斯图亚特王朝复辟，当局借口未经许可而传教，把他逮捕入狱两次，分别监禁十二年、六个月。狱中写就《天路历程》，内容讲述基督徒及其妻子先后寻找天国的经历，语言简洁平易，被誉为“英国文学中最著名的寓言”。——译者注

② 《天路历程》借用了寓言和梦境的形式，在上卷中，书中的叙述者在梦中看到一个叫做“基督徒”的人正在读一本书，知道了自己居住的城市将遭天火焚毁，惊恐不已。这时一个叫“传道者”的人指点他必须逃离自己的故乡，前往天国。基督徒背负着世界的重担，从此踏上了艰难而勇敢的历程，为自己、也为他人寻找救赎。下卷最早于1684年出版，写的是基督徒的妻子“女基督徒”和孩子们在一个叫做“无畏”的人的指引下，前往天堂的朝圣过程。——译者注

③ 亨利·沃兹沃斯·朗费罗（Henry Wadsworth Longfellow，1807—1882）：19世纪美国最伟大的浪漫主义诗人之一。出生于缅因州波特兰城一个律师家庭。1822年进入博多因学院，与霍桑是同班同学。毕业后去过法国、西班牙、意大利和德国等地，研究这些国家的语言和文学。1836年开始在哈佛大学讲授语言、文学长达十八年，致力于介绍欧洲文化和浪漫主

散文集《路畔旅舍的故事》（1863年）中所描述的那样。”该书包含了各种各样的旅客在路畔旅舍发生的故事。读完下面的文字，也许梵·高更加无法抑制亲身走进这些小旅馆去体验的冲动。即使在今天，也能从字句中感受到那种温暖的典型英国乡村酒吧的舒适氛围：

秋夜，萨德伯里镇，
穿过光秃的棕色草地，
透过挂在屋檐下的忍冬树叶
路畔旅社的窗
闪着红色火光
深红色窗帘轻薄不堪……

他们围炉，轻松自在
那里坐着一群朋友，流连忘返
伴着美妙的旋律：
谁从遥远嘈杂的城市赶来
务必在这路畔旅舍沉潜
在它的老橡树下休憩。
火焰的光亮从他们脸上扫过，
他们的影子在护墙板上跃动，
而且，尽管国别不同语言各异，

（接上页）义作家的作品，成为新英格兰文化中心剑桥文学界和社交界的重要人物。——译者注

每个人都有要说的故事，每一个
都急着倾听和讲述。

其间，梵·高的妹妹安娜暂时搬到伦敦与他同住，因为她正在英国找工作，两人每晚都在附近散步。最终，她在肯特郡的韦林找到了一份工作。此时，梵·高已开始在拉姆斯盖特当教师。在那里，她住在“玫瑰小屋”（Rose Cottage）。1876 年夏天，梵·高决定去看妹妹。梵·高又一次选择步行，也是第一次从拉姆斯盖特步行至伦敦，并在那儿逗留两天，晚上住在朋友家。然后，他继续赶路，动身前往韦林，该地距伦敦 50 公里。梵·高在信中描述了自己的第一次徒步旅行，写信时间是 1876 年 6 月 17 日：

我亲爱的提奥：

上周一，我离开拉姆斯盖特赶赴伦敦。这的确是一次长途远足行程。离开时这里热得要命，直到今晚我回到坎特伯雷依然如此。当天晚上走得远了一些，一直走到几株高大的山毛榉和榆树旁，旁边有一个小池塘，我便停下休息了一会儿。凌晨 3 点半，晨光渐起，鸟儿开始歌唱，我开始继续赶路，之后的路很好走。我在下午到达查塔姆，远处，被淹没的低洼草地上到处都是榆树，泰晤士河挤满了船只。我想，那里的天总是灰蒙蒙的。在那里，我遇到一辆运货马车把我带了几公里，随后司机走进一家路畔旅社，我想他可能在那里停留很长一段时间，所以我就继续赶路，并在傍晚赶到了著名的伦敦郊区，继续沿着长长的“道路”向市里走。

显然，梵·高步行走过了拉姆斯盖特和伦敦之间最宽的那一部分，约 80 公里，而且像个真正的流浪汉似的睡在树下。在伦敦，梵·高找到了一份新工作。在朋友哈利·格拉德威尔的父亲的房子里度过了最后一晚。然后，继续启程去往韦林：

我想在当晚动身前往韦林，外面大雨瓢泼，他们硬是将我留了下来。渐渐地，雨小了，大约清晨 4 点，我出发去韦林。第一次从城市的一端到另一端，好像有 10 英里（走一英里需要 20 分钟）长的步行路程。下午 5 点，终于到了妹妹家，见到她太高兴了。她看起来很好，你会像我一样看到她的住所而喜悦，房间里挂着《耶稣受难日》（*Good Friday*）、《基督在橄榄园》（*Christ in the Garden of Olives*）、《圣母玛利亚》（*Mater Dolorosa*），没有装框，但是用常春藤环绕。

## 十二 塞恩公园夜色迷人

塞恩公园[①]距离伦敦市中心约15公里，尽管如此，许多伦敦导游在为游客导览时还是乐于提及它。坐落于泰晤士河畔的塞恩公园与英国皇家植物园隔河相望，是两百多种珍稀树木的家园，也是塞恩宫的所在地。每年3月至10月，诺森伯兰公爵家族[②]都会把这块家族领地（包括园林）向公众开放。如果你在这里看到诺森伯兰家子孙后代的照片，不必为此感到惊讶。反而，笼罩在这座华丽宫殿里真诚而亲切的氛围，令人仿佛置身于公爵家族的下午茶邀请一般。

在艾勒沃斯居留期间，塞恩公园是梵·高的一个好去处，

① 塞恩公园的主体是英国都铎王朝时期的一座宫殿及其附属建筑、宫廷园林及后世人们建造的花园。花园部分和人工湖由兰斯洛特·布朗在1760年设计修建，但现在遗留下来的样式是19世纪风格的。——译者注

② 诺森伯兰公爵（the Duke of Northumberland）：塞恩宫及其园林的继承者和拥有者。——译者注

也是他去往教堂布道的必经之地，而教堂则坐落于奇斯威克[①]的特南格连绿地。1876年某夜，梵·高去伦敦市中心游览。返程时，他穿过公园回家：

> 我走进这座曾在信中向你提及的公园。自此眺望，遥远的夜色中有灯光闪烁，那就是泰晤士河畔的艾勒沃斯，葱郁的常春藤簇拥着教堂伫立在夜色中，垂柳依依与墓园相伴。

梵·高不仅喜欢在白天步行，尤其沉醉于晚间漫步。打个比方，他会毫不犹豫地选择以步行的方式前往伦敦，午夜启程，清晨抵达。为了谋求助教这个职位，在某个周六凌晨4点，从艾勒沃斯出发，穿过塞恩公园，远足至伦敦。在写给提奥的信里，梵·高说：

> 夜色中的塞恩公园景色宜人：有黑漆漆的榆树大道、潮湿的小路，还有昏沉飘雨的天空笼罩四方。也许，远方正酝酿着一场雷雨。

几周后，梵·高再次走过这座公园。

> 时节正好，这里如此迷人，尤其是傍晚的街道上，

① 奇斯威克（Chiswick）：伦敦的一个地区，行政区划上属豪恩斯洛伦敦自治市。在英国历史上，奇斯威克曾属于米德尔塞克斯郡。——译者注

夜雾朦胧，街灯亮起的那璀璨一刻。我曾经写到的也是这座公园，几天前，我站在叶片已然泛起青铜色的榆树下面，默看落日。安娜在信中提到的那种薄雾，此刻正轻轻覆上草坪；一条小河潺潺流过，河面上，几只天鹅正自在游弋。

这座形成于18世纪的湖泊，如今依然是公园里的一颗明珠。除了梵·高提到的天鹅，里面还有品种珍稀的乌龟。庭院别致而精巧，除了大型植物暖房和一座林木种类丰富的园林中心以外，游客们还可以造访一间历史悠久的冰屋酒窖。它由建造于18世纪的仓库改造而成，以前用于储存从冰冻的湖泊里挖凿出来的冰块，供住在塞恩宫的人们冷藏食物和饮料时用。

## 塞恩宫与宫廷园林

中世纪时，塞恩宫的前身是一座修道院。直到亨利八世宣布自己为英国国教领袖之后，这座修道院就不复使用了。2003年，公园内的修道院遗址被发掘，相关的研究仍在进行中。之后，这片土地的所有权转移到皇室名下，萨默塞特伯爵因此成为了它的主人，并于16世纪晚期在修道院旧址上兴建了塞恩宫。最终，整座庄园归诺森伯兰公爵所有，他开始修建园林，还雇佣了当时以新古典主义风格设计闻名的建筑师罗伯特·亚当负责宫殿主体拓展工程。至今，公爵的后人们仍在此居住，这是他们在伦敦的家。今天的塞恩宫殿及其园林常被当作电影取景地，《高斯福德庄园》和《远大前程》都在此取景拍摄。同时，因其壮美而庄严的田园风光，塞恩宫也成为了举办博览会和婚礼庆典的绝佳场所。宫殿和园林——附带一座巨大的阳光植物暖房，都是对外开放的。宫殿里每一个房间内，都安排有一名志愿者热情接待各方游客，时刻准备着与游客们分享这座宫殿的历史，介绍它曾经和现在的主人们。1831 至 1837 年间，第三代诺森伯兰公爵的夫人曾担任维多利亚公主的家庭教师。至今，在她的卧房中，我们还能看到当时为公主准备的睡床。

每年 10 月，园丁会带领游客们在园林中来一段秋日漫步之旅。圣诞节前后，树上会挂上无数的彩灯，灯光倒映于湖面，美丽极了。

### 塞恩宫和园林

地　　址：英国米德尔塞克斯郡布伦特福德伦敦路

邮　　编：TW8 8JF

开放时间：（塞恩宫）每年3月中旬至10月底的周三、周四、周日及英国节假日上午 11：00—下午 5：00；（园林）每日上午 10：30—下午 5：00。

门　　票：10.50 英镑（含塞恩宫和园林）

小 贴 士：塞恩公园向游客免费开放

火 车 站：乘坐火车到里士满（比如，从滑铁卢车站出发），你就可以像梵·高那样步行到塞恩公园。

# 十三 文森特·梵·高
# 如何提升他的英语水平?

梵·高发自内心地渴望去英国。1873年3月17日，在去往伦敦的途中，他写信给提奥，说他要出发去伦敦了："这对于学习英语来说很有帮助，我完全能听得懂，但是目前还不能说得很自如。"梵·高在荷兰泽芬贝亨的寄宿学校里可能就上过英语课，后来在蒂尔堡的高中也学过。梵·高在英国生活越久，对英语也就越发精通。梵·高度过他在伦敦的第一个夏天时，记录下了这样一个生活细节：一位荷兰访客来伦敦探望，他才"有了自从5月以来第一次开口说荷兰语的机会"。翻阅梵·高的信件，会发现，他的英国化倾向越来越明显：他的荷兰语里夹杂着英语的单词和短语。1873年夏天，梵·高在信中写道："你关于冬天的描述好极了。"11月的信中，梵·高说："我在这里很好。"梵·高"观察伦敦，观察英国人的生活方式和英国人本身"，乐此不疲，沉醉其中。后来在短暂的教师生涯中，梵·高这样评价自己的口语：“最初抵达英国时，我用英语与人沟通是艰难的，不知道英国人听我说话是什么感觉。但我还是选择通过不断的实践来学习语言。”当梵·高再度居留伦敦期间，他开始用英语表达和记录。梵·高对自己的语言能力并不自信：“在彼得舍姆，我先告诉信众们，他们将听到很糟糕的英语。”

坚持不懈地学习，不断地练习和纠正，是梵·高提高英语水平的主要方式。他同时还尝试很多其他的办法，比如，写信时引用英文长诗句和《圣经》里的诗篇，大量阅读英文书籍，用英语撰写布道文。到1873年8月，他已在伦敦度过了最初的几个月。梵·高在信中表达了对约翰·济慈[①]诗歌的喜爱：“这样一位诗人，我想在荷兰还不为人所知。”他把诗集《圣马可之夜》中的句子誊抄在信中。在梵·高看来，约翰·济慈是“这里所有画家的宠儿”，他指的画家主要是拉斐尔前派[②]的成员。

---

① 约翰·济慈（John Keats，1795—1821）：出生于18世纪末的伦敦，杰出的英国诗人、作家，浪漫派的主要成员。济慈才华横溢，与雪莱、拜伦齐名。他去世时年仅25岁，可他遗下的诗篇誉满人间，他的诗被认为完美地体现了西方浪漫主义诗歌特色，被人们推崇为欧洲浪漫主义运动的杰出代表。——译者注

② 拉斐尔前派（Pre-Raphaelite Brotherhood）：又译前拉斐尔派，是1848年在英国兴起的美术改革运动。拉斐尔前派最初是由三名年轻的英国画家亨特、罗塞蒂和米莱斯所发起组织的一个艺术团体，目的是为了改变当时的艺术潮流，反对那些在米开朗基罗和拉斐尔的时代之后偏向了机械论的风格主义画家。拉斐尔前派的作品基本上以写实的传统风格为主，画风审慎而细致，用色较清新。拉斐尔前派反对院派的陈规，有的作品呈现忧郁的情调。代表人物有伯恩·琼斯等。——译者注

事实上，米莱斯、罗塞蒂及亨特等画家都曾把济慈的诗句引入画中。1873年8月7日的一封信中，梵·高提及济慈诗集中的另一首诗歌，他说“《圣阿格尼斯之夜》是济慈诗歌里最有名的一首，篇幅较长，如果在信中完整誊抄下来有点困难”。从《圣马可之夜》中誊抄下来的片段取材自圣马可的传奇故事，描述了主人公在圣马可节[①]的前夜，伫立在教堂门口守候，可以望见将在来年逝去的那些人们的幽灵。

梵·高的书单很长（其中包括未读完的书）。在梵·高的通信里，被提及的作家大约150位，引用过的文学作品约200部。可以列举的有：狄更斯、莎士比亚、朗费罗、卡莱尔、乔治·艾略特、哈丽叶特·比彻·斯托以及夏绿蒂·勃朗特。在梵·高的某个人生阶段，他曾渴望成为一名传教士，在阅读乔治·艾略特的《牧师生活场景》时，他说：“倘若你能说服某人阅读艾略特的《牧师生活场景》和《菲利克斯·霍尔特》，你就做了件有价值的事。”（摘自梵·高于1876年8月18日写给提奥的信）两年后，梵·高把艾略特的书作为礼物送给父亲。在1883年12月梵·高的一封信中，人们发现他还读了著名的《米德尔马契》，他说：“我在读艾略特的《米德尔马契》。艾略特分析过，像巴尔扎克和左拉[②]这样的作家，也都曾关注英国题材，还运用英国式的情感来写作。”

翻阅这一时期梵·高阅读的文学作品，你会清楚地发

---

① 圣马可节（St. Marcus day）：每年4月25日，纪念威尼斯的守护神圣马可。据说也是为了纪念他将吸血鬼逐出城的这一天。——译者注

② 两者皆为法国作家。——译者注

现，他多么渴望能跟随父亲的脚步，成为一名牧师。在《牧师生活场景》一书中，梵·高最钟情的故事是《珍妮特的忏悔》，故事讲述了发生在一个小村庄里的宗教纠纷。1876年2月19日，在寄给提奥的信里，梵·高附上了一份该书的简介：

这是一个助理牧师的人生故事。他的人生，大部分时光在一个有着肮脏街道和普通居民的小镇里度过……他的午饭往往是不新鲜的羊肉和发霉的土豆……久病卧床期间，有一个女人照顾着他。这个曾经嗜酒成瘾的女人，在聆听他的布道后依赖着他。慢慢地，她似乎就战胜了自己，找回了灵魂的平静。

离开英国之后，梵·高在他的信件里依然反复引用着狄更斯、艾略特和卡莱尔的作品。1876年5月12日，梵·高从拉姆斯盖特寄给提奥一封信：

在一本书里，艾略特描写了工厂的工人以及他们的生活。这些工人加入了一个小团社，并执着地在一个“挂着灯笼的院落”的小教堂里完成宗教仪式。他说这是“上帝在人间的王国”，什么也不多余，什么也不缺。

尽管乔治·艾略特是女作家玛丽·安·埃文斯的笔名，梵·高在这里还是用“他”来指称。不久后，梵·高会给他自己的作品也冠以英文标题，如：*Miners' Women Carrying Sacks*（《用麻袋背煤的矿工们的妻子》，又名《负重的搬运工》），*Sorrow and Worn Out*（《悲伤与疲惫》）。

1876年10月29日，星期日，在里士满的卫斯理公会教堂（现已不复存在），梵·高呈交了第一份由英文撰写的布道辞。11月3日，星期五，在写给弟弟提奥的信中，梵·高说："提奥，这个礼拜天，你的哥哥第一次在这所房子里对上帝说话了！……或许以后还会有许多次。"梵·高为此非常高兴：

> 当我站上讲坛，感觉自己像从黑暗的地下墓穴走入了和善的日光中。

在同一封信里，梵·高草草地记下了一段很长的布道辞，可能是那个月稍晚些时候要用的。11月17日，在给双亲的信中，梵·高描述自己在伦敦是如何不间断地忙碌着。梵·高说，偶尔会步行去探望琼斯先生："在晚上，在空隙时间，我就在祈祷手册上写东西。"显然，这对他的英语进步很有帮助。

除了里士满，梵·高也在艾勒沃斯附近的小村庄彼得舍姆和特南格连讲道。尤其是坐落于伦敦西部奇斯威克镇的特南格连，在这里布道，令梵·高充满兴趣。"哦，小弟，"梵·高向提奥写道，"我开始盼望，天冷时能到特南格连走走。"梵·高不仅在特南格连布道，还在一所主日学校里授课。《狄更斯辞典》里提到，去奇斯威克"从滑铁卢出发需要23分钟"，在那里仍保留着几分“乡野田园”气息。梵高在“木屋礼拜堂”里讲道，如今此处已消失无踪。“木屋礼拜堂”位于今天奇斯威克345—347号公路旁边。现在，留在原地的是一座商业楼后的停车场。奇斯威克公路本身是一条不错的商业街，人们可以在这里购物，或是在这个真正远离伦敦的市郊，享用一顿风味独特的餐饭。从滑铁卢车站到这里可乘坐火车或地铁，需要20分钟左右。11月25日，梵·高在写给提奥的信结尾处附上了一小幅素描，画的就是彼得舍姆和特南格连的教堂。

作为一名教师，梵·高被人们期望能说一口流畅的英语。搬到海克福德街后不久，他认识了卢瓦耶母女，了解到她们在当地为“小”男孩子们开办了一所学校。1876年4月，他在巴黎短暂居留，为谋求一份英国的新工作奔走。一天，他收到一封信，信中说为他提供了一个在拉姆斯盖特教书的职位。梵·高写信把这个消息告诉提奥：

> 早晨，离开巴黎之前，我收到一位教师从拉姆斯盖特写来的信。他建议我到那里去实习一个月（没有工资），期满时他再决定是否录用我。

梵·高在4月17日抵达了拉姆斯盖特。5月1日，他在信中提到，那是“一所寄宿学校，有24个男孩”：

> 你问我给男孩们教些什么。首先是法语，一些基础

课程，一个男孩已经开始学习德语了。还有其他功课，比如算术，听他们复述功课，给他们听写，等等。眼下，其实上课并不难，难的是让孩子们自觉地学习。

今天是你的生日，我在脑海中想象着与你握手祝贺，再一次诚挚地祝愿你一切顺利。

教书之余，孩子们几乎都由我管理监督，这项工作已经占用了我大量的时间，而且会越来越多。上周六晚，我给差不多六个小绅士们洗澡。虽然这并不是我分内的事，但是这个过程很有趣，而且有了我的帮助，让他们能在规定的时间内迅速洗完。我还尝试让孩子们爱上阅读，但我这儿适合他们的书太少了，无非就是《大千世界》之类。

苏珊·瓦尔纳的《大千世界》（1840年）被认为是第一本美国畅销书。这是一本（基督教）故事书，讲述一个失去双亲的小女孩艰难的成长经历。在故事结尾，一切都变得好了起来。梵·高发现这本书非常适合小读者阅读。几个月后，他把书寄给了提奥。在艾勒沃斯，梵·高也定期跟男孩们一起阅读《圣经》、唱赞美诗：

我常常给孩子们讲述《圣经》里的故事，上周日我和他们一起阅读《圣经》。无论晨昏我们都要读《圣经》，唱赞美诗，祈祷。这样很好。在拉姆斯盖特也是一样的。当这21个生活的范围原本只限于伦敦市场和平民大街的儿子们祈祷“我们在天上的父，我们日用的饮食，今日赐给我们”之时，我就会联想到上帝倾听的雏鸦的啼声。这让我感动并愿意和他们一起祈祷，并在唱到那句“不会导致我们陷入诱惑，但救我们免于凶恶”时虔诚地低下头去，比孩子们更深地低下头去。

## 维多利亚时代英国的贫民学校

19世纪晚期，数以千计的孩童进入所谓“贫民学校”学习。这是一种由伦敦市传教团引进的教育方式，面向那些因贫穷而无法进入正规学校接受教育的孩子们。在“贫民学校”，孩子们接受免费的教育、衣食起居以及许多课时的《圣经》学习。今天，伦敦设立了贫民学校博物馆，对小游客们来说尤其有趣。斯托克斯先生的学校，即梵·高任教的地方，是一所“卫理公会教派”的学校。在安置学生方面，与贫民学校采取同样的程序。特别要注意的是，从1864年10月1日至1866年8月31日，梵·高本人也在一所男生寄宿学校上学。

## 贫民学校博物馆

地　　址：英国伦敦科波菲尔大街46—50号

邮　　编：E3 4RR

开放时间：每周三、周四上午10：00—下午5：00；每月第一个周日下午2：00—5：00。

门　　票：免费

地 铁 站：哩尾

# PART II

下部

伦敦的博物馆

LONDON MUSEUMS

## ■ 国家美术馆

伦敦的第一座国家美术馆的历史可追溯至1824年。最初，它坐落于波迈街100号。随着藏品的增加和展览的需求增多，这个场馆愈发显得逼仄而窄小。1838年，新的美术馆（即现在我们所看到的美术馆）在特拉法尔加广场开馆了。1884年，梵·高在一封信中提及他所观赏到的一些画作，由此我们推测，梵·高至少有一次参观过这座美术馆。

### （一）梵·高：《椅子》（1888年）

从梵·高的通信中我们推断，英国艺术并不是从一开始就使梵·高入迷，他经历过“不得不去适应它”的过程。在写给提奥的信中，梵·高承认，“虽然这儿还是有一些优秀的画家的”。

现在，梵·高的画作占据了国家美术馆的整面墙。在45

◆梵·高《椅子》

◆卢克·菲尔德斯《空椅子》

号展厅，可以看到被大家称为“梵·高的椅子”的作品。梵·高极为推崇卢克·菲尔德斯（Luke Fildes，1844—1927）的画作《空椅子》。《空椅子》是为纪念查尔斯·狄更斯而作，这位英国大作家也备受梵·高推崇。这幅画作首次发表在《图画报》杂志上。1870年6月8日，狄更斯的突然离世震动了整个英国，这个消息对菲尔德斯和梵·高来说，很可能也如英国民众一样，感到难以接受。菲尔德斯在狄更斯死后不久就完成了这幅画，他说：“狄更斯的家人希望我能够完成这位伟大作家的遗愿，应他们的请求，葬礼后，我陪伴在他们的左右。在居丧之屋，我构思了‘空椅子’这个主题，并立即从伦敦取来我的画笔。在主人家的许可下，用水彩忠实地再现了狄更斯的书房。我和狄更斯的家人一起生活了很长一段时间，直到他们将房子售出为止。”

1870 至 1880 年间，梵·高买了上百期《图画报》，所以他对菲尔德斯的画作非常熟悉。梵·高认为菲尔德斯的画作非常“杰出”。在 1882 年 7 月 26 日写给提奥的信中，他说：

如果我们能够抛却生活的压力，单纯从事绘画创作，每天谈论的焦点也主要是绘画，我们一定会过得更加自由自在。假如没有烦恼去困扰你，当然很好，否则，我可以诚实地告诉你，无论是在哪一方面，我对你都非常有信心。我特别想给你看看木刻版画，现在我手上就有这样一幅杰作，是菲尔德斯的作品，就是刊登在《图画报》第 70 期的“狄更斯的空椅子”。

梵·高被这种由人的逝去而产生的“空椅子”的想象迷住了。1876 年 11 月 25 日，在给提奥的另一封信中，梵·高抄写了吉姆斯·贾尔斯的歌曲《三把小椅子》的歌词。在这首歌里，一个女人对丈夫倾诉她不想把孩子们的空椅子处理掉的原因：

孩子他妈，那几把空椅子，
在今夜勾起了咱们的伤心回忆。
眼不见心不烦，
把它们扔到楼上空空的小黑屋里去吧。

可她回答：孩子他爸，别这样。

看着这些小椅子，我似乎忘记了孩子们已经不在的事儿。

儿子们回来了，还有我们的小玛丽。

穿着蓝格子小围裙，

乖乖坐在这儿，每天每天。

1882 年，梵·高还住在荷兰海牙时，他给提奥寄去了《图画报》的增刊——圣诞特辑。这一期重点介绍了像卢克·菲尔德斯这样有特色的画家，这让梵·高再次想起了“狄更斯的空椅子”。“空椅子——这儿有好多空椅子，还会有更多的空椅子。”他这么写道。

之后，梵·高自己尝试创作了形态各异的“空椅子”主题画作。画于 1888 年的那幅《椅子》是他的诸多名作之一，现存于国家美术馆。仔细观察这幅画，很明显可以看出，菲尔德斯的作品还在梵·高的心中挥之不去。但它依然具有强烈的个人风格，椅子上还摆着梵·高的烟斗和烟袋。这个展厅里还展示了梵·高的其他作品。放眼环顾，你注意到哪幅作品前的观者最多了吗？

### （二）约翰·康斯特勃：《麦田》（1826 年）

在 34 号展厅里，我们发现了《麦田》。这是一幅不会被时间遗忘的伟大作品。每当艺术史研究专家们提及以“麦田”

命名的画作时，他们似乎总会谈到约翰·康斯特勃的这幅名作。《麦田》的争议之处其实在于命名，因为作者本人称它为《喝水的男孩》。从康斯特勃的儿子提供的资料中，我们发现这幅画作描绘的场景是一条幽深的小路，这条路连接起了东贝霍尔特（位于萨福克郡）与戴德姆镇（在埃塞克斯郡）。画中的教堂，现实中并不存在，是画家出于构图方面的考虑虚构添加上去的。

1873年7月20日，在给提奥的一封信里，梵·高提到了米莱斯、鲍顿、特纳，还提到了康斯特勃："三十年前，风景画家康斯特勃生活的年代是个辉煌的年代，在当时的老一辈画家里，迪亚兹和杜比尼也已经有杰作存世了。"1884年8月，提奥在伦敦时，梵·高又提到了康斯特勃，确切地说，是提到了他的画作《麦田》：

> 假如你在国家美术馆里寻找梅因德尔特·霍贝玛的画作，你当然也不会忘记去看看那里珍藏的康斯特勃的几幅名画吧（《麦田》就是其中之一）。南肯辛顿博物馆也收藏了康斯特勃的作品（他画的《山谷农田》原型地就在这里）。我很好奇，当注视着这些画作时，你会被什么所震撼？在这里，你会看到什么？

康斯特勃的作品总会令人想起像雅各布·范·罗伊斯达尔这样的著名荷兰风景画家，还有前面已经提过的梅因德尔特·霍贝玛。梵·高对他们都十分崇拜。

• 约翰·康斯特勃《麦田》

能够在英国皇家艺术学院展出作品，对康斯特勃来说是一种特殊的荣誉。1837年，这个理想实现了。梵·高刚抵达英国时，康斯特勃已在风景画领域成名几十年。在天地间的气候与色彩之中寻找灵感，使他的作品表现出某种近乎浪漫主义诗歌运动的自然主义。后来，梵·高也将这样的技法融入自己独特的绘画风格中。比如，梵·高在看到弗朗索瓦·米勒的画作《播种者》后，也创作出了个人风格强烈的同名画作。至今，《播种者》已被不同画家取材创作，至少拥有七个版本。

康斯特勃成长于萨福克郡的一个小磨坊。这里空气湿润，植被苍翠繁茂，地势平坦，以常年云雾弥漫的气候而闻名。在他的绘画生涯里，快乐无忧的童年时光和美丽的自然风光成为其取材的灵感源泉。甚至到了晚年，当康斯特勃承受着精神与情绪上极大的折磨时，也依旧能够回忆起那段宝贵的时光，并执着地把它们涂抹在画布上。

梵·高和康斯特勃都会从某种典型的意象和杰出的绘画作品中获得启示，他们的创作并非只是灵光一闪的念头，更多则是画家向外观察和向内体悟的艰苦过程。康斯特勃固然已创作出了属于他的“麦田”；而梵·高也以“金黄的麦田”为主题，把创作发挥到极致，画出了属于他本人的伟大的“麦田”。

时间仿佛被凝固在了画里。康斯特勃用一种浪漫现实主义的创作方法表现场景。他用一条弯曲的小径把两旁的树丛分开。特别之处是出现在画面中央的云。这景色悠然闲适。

羊群被牧羊犬赶着慢步前行。画面左下方出现的牧羊人，正趴在一条小溪边着急地啜饮溪水。而金黄色的“麦田”只在画布上方占据了很小一块儿地方。无论如何，康斯特勃的《麦田》用绿与蓝创造出了一种绝妙的色彩对比。谷物即将收获。画面左边的那些树，仿佛夏天已经走过了它的全盛时期。树叶开始褪色，即将凋零。

### （三）梅因德尔特·霍贝玛：《米德尔哈尼斯的林荫道》（1689 年）

在 21 号展厅，我们找到了梅因德尔特·霍贝玛的《米德尔哈尼斯的林荫道》。梵·高钟情于法国画家米勒，在他的 902 封往来信件（包括笔记）中，有 193 封提到了此人的名字。我们在其中会发现，著名荷兰风景画家梅因德尔特·霍贝玛（也是荷兰风景画家雅各布·范·罗伊斯达尔的学生）被提到过三次。在荷兰居留的 1881 至 1885 年间，梵·高有一次给恰巧在英国的提奥写信，告诉他多么有必要去国家美术馆看霍贝玛的画作。梵·高没有明确说他钟情霍贝玛的哪一幅画作。2013 年春天，笔者在写作本书时，国家美术馆 21 号展厅也正在展出霍贝玛的九幅作品。1873 年，《米德尔哈尼斯的林荫道》就已经在国家美术馆展出了。今天，它仍然备受人们的赞美。

后来，霍贝玛直接地启发了梵·高成为一名画家：他的某些画作，如《米德尔哈尼斯的林荫道》，就曾被梵·高参照着

• 梵·高《日落下的白杨林荫道》

临摹。

1888年6月23日，梵·高在写给提奥的信中，描述了法国城市阿尔勒周边的农村景象。这些景象让梵·高觉得似曾相识，仿佛它们在范·罗伊斯达尔、霍贝玛和范·奥斯塔德的作品中出现过。

尽管梵·高几乎没有在通信中提到梅因德尔特·霍贝玛，但他似乎还是向这位17世纪的前辈切实地学习了。1884年，他创作了《日落下的白杨林荫道》（现藏于库勒慕勒美术馆）；1885年，取材于同一个地点，梵·高创作了《纽南附近有白杨树的小路》（现藏于博伊曼斯·范伯宁恩美术馆）。两幅作品中的相似之处非常明显，也可以看作是霍贝玛对梵·高早期创作的影响之一。

◆梅因德尔特·霍贝玛《米德尔哈尼斯的林荫道》

• 梵·高《纽南附近有白杨树的小路》

### （四）约瑟夫·玛罗德·威廉姆·特纳：《被拖去解体的战舰“无畏”号》（1839 年）

这是一幅连接起两个世界的非凡的油画。作为特纳的崇拜者，梵·高在参观国家美术馆期间很可能观赏过此画。特纳创作这幅画时已经 60 岁了，他去世五年后（1856 年），国家美术馆直接从他的遗产中选择并收藏了这幅画。它在国家美术馆展出期间，梵·高恰好正在此参观。在 1873 年 7 月 20 日的信件里，梵·高用崇拜的口吻谈到了特纳。现在，这幅画在 34 号展厅展出。

◆约瑟夫·玛罗德·威廉姆·特纳《被拖去解体的战舰“无畏”号》

在这幅 90 厘米 ×122 厘米的布面油画上，我们能看到什么？首先，特纳用丰富的绘画技法向人们展现出了具有决定性历史转折的一刻。宏伟的木结构三桅船“无畏”号，以具有想象力的明快色彩绘成，象征着一个正在走向末路的时代的最后的光辉。在某种程度上，它忠实地传递出了某些并非人人都可以立即从画作中分辨出来的信息。一艘威武庞大的三桅船，正在被一艘个头小却动力十足的黑色蒸汽船拖走。事实上，前者在特拉法尔加之战中扮演了重要的角色。在此次战役中，它击沉了两艘敌舰，否则纳尔逊公爵的旗舰就会遭受致命的攻击。

## 纳尔逊

1840 年建成的特拉法尔加广场，用以纪念 1805 年发生于特拉法加附近的那场海战，当时英国海军上将霍雷肖·纳尔逊战胜了拿破仑率领的西班牙－法国联合舰队，由此确立了英国的海上霸主地位。纳尔逊纪念柱位于广场中央，高达 54 米，柱头上屹立着海上英雄的雕像，矗立在广场中央，仿佛提醒着路人注意英国历史上的这个重大时刻。

在海战中大显神威的“无畏”号上，配备有精良的加农炮和数量庞大的火力装备。如今它被一艘蒸汽船拖往拆解场，宏伟的战舰即将解体。现在，这艘船仅有的价值在于被拆解成为木材，相当于打造它所用的 5000 棵树。过去的辉煌战绩似乎已经和被肢解的它丧失了关联。这幅油画成为了对往昔岁月的颂歌。由于画中蕴含的新旧交替的象征意义，这幅画在詹姆斯·邦德系列电影的新片《007：大破天幕杀机》中也扮演了重要的角色。

这幅油画不仅比较了传统海船与现代化蒸汽船之间的不同价值，特纳还选择了“黄昏”这一具有鲜明象征意义的时刻，暗示传统农业社会向工业化时代的大过渡；选择“新月”作为新纪元的象征；选择蓝、粉、红、黄等明亮的色彩，意在两艘船与下沉的夕阳之间制造出一条自然的分界，隐喻着新旧交替时代的转变。当时的人们或许很难接受种种剧变，但“无畏”号战舰、纳尔逊公爵以及高高的桅船已经永不回头地走向了末路，为蒸汽时代让路！

与特纳生活的时代不同，对于梵·高来说，蒸汽船的往来是他每天都能见到的日常景象。梵·高似乎对画作中绚烂的落日及其映射出的愈加浓厚的光彩印象更为深刻。当然，再没有什么地方，比国家美术馆更适合作为这幅画的居所了，因为这里就在特拉法尔加广场，正对面就是纳尔逊纪念柱。

### 国家美术馆

地　　址：英国伦敦特拉法尔加广场

邮　　编：WC2N 5DN

开放时间：每天上午10：00—下午6：00（周五延迟至晚上9：00）

门　　票：免费

地 铁 站：查令十字街、威斯敏斯特大教堂或莱斯特广场

## ■ 泰特美术馆

1851年，特纳离世，他留给了英国一千多幅珍贵画作。面对这份巨大的馈赠，即便是宏伟的国家美术馆，也难以将其全部纳入馆藏。这样的现实状况催生了另外一座全新的美术馆——泰特美术馆。那时的泰特美术馆以“国家艺术画廊”之名为世人所知。如今，这里依然是收藏特纳作品最多的地方。（这座美术馆也被称为“泰特不列颠美术馆”。不要把这里与泰特现代美术馆混淆了。后者建于2000年，位于河岸发电厂旧厂址内。）

1897年，米尔班克，泰特美术馆开馆，馆址的前身是一座监狱。泰特美术馆的建成得益于英国糖业大亨亨利·泰特的捐资（由亨利·泰特创立的泰特莱尔公司今天依然存在）。尽管泰特美术馆是在梵·高过世之后才建成的，但今天陈列在那里的几幅作品，也曾深深地吸引了他。

## （一）约翰·康斯特勃：《山谷农田》（1835 年）

泰特美术馆展出了康斯特勃的几幅画作。其中一幅名为《山谷农田》的画作，描绘了一座明亮的白色房子。这座房子依傍在斯陶尔河畔，威利·洛特家族已经在其中居住了八十年。

对于康斯特勃来说，它就是萨福克郡风景的象征，是他出生的那片土地的精神凝结之处。河水以倾斜的角度从画面上流过；三头红棕色的乳牛排列成行，沿着河岸前进；一个妇人坐在小平底船上，站在船上的男子正撑着篙驭船前行，那或许是一艘渡船吧？这样的结构安排给画面增添了一些律动感。

这幅作品表现了以康斯特勃为代表的绘画大师与荷兰 17 世纪绘画大师之间的相似之处。树木和云彩的画法尤能勾连起这些相似之处。这幅画的典型代表性在于将各种元素融合在一起的方式：风景与人被结合在同一画面里，使《山谷农田》作为一幅风景画的同时，又具有风俗画的某些特点。在这幅现实主义作品里，人物形象以浪漫主义的笔触表现，树木、河流、云彩构成平静的氛围，让参观者产生身处另一时空的感觉，尽管只是短暂的一瞬。

在康斯特勃的一生中，这座农舍扮演了非常重要的角色，曾经至少两次出现在他的其他早期作品中。创作这幅画作时，他采取了一种笔触松弛的技法（运笔方式上的松散、灵活）。这一点在画面右边的树丛上可以明确地看出。另外，大量使

• 约翰·康斯特勃《山谷农田》

用白色，比如在描绘水面、云朵和折射到房子上的阳光时，这一处理方式使画面整体色调明亮起来。除此之外，《山谷农田》的递进感非常明显，画面被分成了三个层次：前景为水，中景为农舍和树林，远景为云。

康斯特勃本人对《山谷农田》的效果非常满意，而同辈画家的看法却截然不同。康斯特勃把作品呈交给1835年英国皇家艺术学院的展览组委会，即将开展时，有人提出问题：一个人究竟是如何画出美景后，又将它毁坏到这般地步？

面对质疑，当时极具影响力的收藏家罗伯特·弗农却以前所未有的高价收藏了这幅画，后来还将把它作为自己巨额遗产的一部分捐赠给国家美术馆。如今，在泰特美术馆中还能够欣赏到这幅作品。

在梵·高的时代，《山谷农田》被收藏于伦敦南部的南肯辛顿博物馆（今天的维多利亚与艾伯特博物馆）。之前提到的那封写于1884年8月4日的信里，梵·高对这幅画和这个博物馆都有提及。

## （二）约翰·艾弗雷特·米莱斯：《奥菲利亚》（1851至1852年）

1873年7月20日，写给提奥的信中，梵·高盛赞米莱斯的作品："他的代表作有《胡格诺派教徒》《奥菲利亚》等。你可能知道这些油画，它们太出色了！"

在1877年写给提奥的信中，梵·高重述了自己在伦敦街头散步时偶遇米莱斯的情景："那之后，我见到了他的许多作品，多么幸运！"

后来，当提奥身处伦敦时，梵·高写信给他，希望他抽时间去看米莱斯的画作《十月冰寒》（这幅画属于私人藏品，很可惜它不再被公开展出了）。

• 约翰·艾弗雷特·米莱斯《十月冰寒》

## 《十月冰寒》(*Chill October*),佳士得拍卖行

从 1884 年 8 月 4 日梵·高写给提奥的信中,我们推断,梵·高在伦敦看过米莱斯的画作《十月冰寒》。而他很有可能是在 1875 年 4 月 24 日佳士得拍卖行举行的拍卖会上看到了这幅画作。佳士得拍卖行是世界上最古老的拍卖行,其地址至今未变:英国伦敦市圣詹姆斯区国王街 8 号。

1829 年,约翰·艾弗雷特·米莱斯诞生于南安普敦的一个富有家庭。幼年时就崭露出极高的绘画天分。9 岁那年,他获得了一个重要的艺术奖项。一年后获准进入英国皇家艺术学院学习,成为该校历史上最年轻的学生。然而,米莱斯却选择了一条非同寻常的艺术之路，最终成为英国拉斐尔前派[①]的主要艺术家之一。拉斐尔前派兄弟会形成于1848年，米莱斯是创始人之一，他的同道有但丁·加布里尔·罗塞蒂和威廉姆·霍尔曼·亨特。这个团体中的成员还有诗人和评论家，他们曾公开批判英国皇家美术协会提倡的传统创作方式。米莱斯和他的同道们希望回归一种率真的素朴风格，按他们的说法，这种风格在文艺复兴运动中就已经流失了。

“拉斐尔前派”的名称（最初是署在画布上的神秘字母PRB，即“拉斐尔前派兄弟会”的缩写）缘起于兄弟会成员的理念：坏风气是由画家拉斐尔（1483—1520）带来的。在他们看来，拉斐尔的风格即当代英国艺术的风格，他们希望能够返璞归真，重回拉斐尔出现以前的艺术风格。

欧洲大陆并没有出现类似的艺术家流派。不过在荷兰，有些艺术家自觉地接受了拉斐尔前派兄弟会的影响，包括马泰斯·马里斯和安东·范·威勒。

拉斐尔前派兄弟会的成员们获取灵感的来源，涵盖了中世纪（特别是亚瑟王的传奇故事）、《圣经》、同时代诗人拜伦和济慈的诗歌以及莎士比亚的作品。他们努力创作简单

① 拉斐尔前派（Pre-Raphaelite Brotherhood）：又常被译为前拉斐尔派，是1848年在英国兴起的美术改革运动，最初是由三名年轻的英国画家亨特、罗塞蒂和米莱斯所发起组织的一个艺术团体，目的是为了改变当时的艺术潮流，反对那些在米开朗基罗和拉斐尔的时代之后偏向了机械论的风格主义画家。拉斐尔前派的作品基本上以写实的传统风格为主，画风审慎而细致，用色较清新。拉斐尔前派反对学院派的陈规，有的作品呈现忧郁的情调。代表人物有伯恩·琼斯等。——译者注

◆约翰·艾弗雷特·米莱斯《奥菲利亚》

而独特的作品，逼真地描绘着大自然，与他们在英国皇家艺术学院展出的作品中所表现出的理想化的美，截然不同。在拉斐尔前派兄弟会的早期创作中，他们大多选择描绘《圣经》故事和历史场景，或诗歌中的意境。

米莱斯是一位多才多艺的艺术家。从闻名于世的群像画、深受梵·高喜爱的富有魅力的风景画，到他更具原始魅力、冲突感强烈、辨识度极高的拉斐尔前派作品，米莱斯对不同题材驾驭自如，还能贯穿个人的风格。

《奥菲利亚》是米莱斯的代表作之一，取材于威廉·莎士比亚的作品《丹麦王子哈姆莱特》。伫立在这幅安详的画作前，我们能够目睹一出戏剧故事无声的结局。奥菲利亚的恋人哈姆莱特刚刚杀害了她的父亲。被悲伤和内疚激发出的疯狂致使奥菲利亚生无可恋。她平躺在溪流之中，结束了自己的生命。

莎士比亚是备受维多利亚时代艺术家们所钟爱的灵感源泉。在之后的若干年里，“奥菲利亚”一直是流行的题材，尤其是在浪漫主义与古典主义画家当中。

给米莱斯的《奥菲利亚》作模特的女子是但丁·罗塞蒂的第二个妻子伊丽莎白·西德尔（Siddall，又常被拼写成 Siddal）。她被画家以植物学的精确描画出来的花草和植物环绕，每一种花草都传递出一种象征意义，关联着画中女子的意念——这个女子是活着，还是已经死去？在做出可怕的自杀行为之前，她已经由于悲伤而迷失了心智，这为画面蒙上了一层恐怖而迷幻的色彩。

对于这幅画的评价众口不一，但无论在当时还是之后的许多年里，其评价的焦点主要是围绕着在艺术中被动的、符合传统习俗的女性角色。她们总是被刻画成“家庭天使”的形象，另类女性形象的模特是可遇而不可求的。[①] 米莱斯打算尽可能真实地还原模特的形象，因此，他让模特躺在浴缸里长达几个小时，直到获得他想要的状态。以至于原本放在浴缸底部用来保暖的热灯意外熄灭，导致事后莉兹（伊丽莎白的昵称）染上一场重伤风。

① 《家庭天使》是当时非常流行的一首诗，由诗人考文垂·巴特摩尔所写，1854 至 1863 年间以连载的形式被发表出来，主要塑造了一个在丈夫面前低声下气的妇女形象。——原注

## （三）约翰·艾弗雷特·米莱斯：《西北航道》（1874年）

从1882年12月1日的一封信里推断，梵·高大概在1874年英国皇家艺术学院举办的夏季展览上看到了这幅画。在这封写给提奥的信中，梵·高回忆起这幅画的标题时说："看起来时机已到，该动手了。"

伴随着殖民扩张的热切渴望，英国人一直在寻找通往印度的海上快速航线。在这种特定背景下，我们现在谈及的就是众所周知的那条艰难的航线，走这条航线需要经西北航道驾船绕过北美洲。

号称"西北航道"的航线，被米莱斯借用来为1874年的那幅画作命名。梵·高在一支远征队启程去东方前不久创作了这幅画。与16、17世纪的荷兰一样，通往东方的路线在维多利亚时代的英国也是一个重要的社会主题。19世纪的最后25年里，越来越多的人被极具冒险精神的海外贸易和去殖民地积累大量财富的机遇所蛊惑。

初看画作，画面里的场景似乎和上述内容毫无关系。细细观察，你才能注意到画面里蕴含的更多信息。指示着遥远地方的地图在桌上摊开，召唤具有探索精神的人们去探索。海上远航预示着即将发生的离别，这情景从左边窗外的景象里显现无疑。窗外，人们可以看到一艘孤独的帆船飘浮在空旷的海面上。坐在有扶手的躺椅上的老人，神情紧张，目光望向画面之外。他目光冰冷，双手握成拳头，拒人于千里之外。这位老海员的表情严肃，似乎想要让观者感受到他面临的将是多么艰难的航程。

画上的女子全神贯注于手中的书，她在朗读，而且可能正在大声地读给老人听。她的右手温柔地覆在老人的手上，仿佛给他安慰。虽然画名并没有透露出这场旅途的终点是美洲。不过，画面里，桌子后面的旗帜，在老海员头部的上方，悬挂在画框里的那张穿制服的男人的图画等细节，还是露出了端倪。那个男人很可能是乔治·华盛顿。无论如何，我们看到了一个穿着18世纪盛装礼服的男人。在他的右边，新月形的角桌上，在一堆杂物之间，放着一个套着皮套的望远镜。

米莱斯向人们展示了一个宁静的瞬间。观者能感受到他表现出来的场景是私密的。对女子的刻画尤其精细——看她

• 约翰·艾弗雷特·米莱斯《西北航道》

镇定的神情，还有衣裙上不同的面料。相较于女性的恬静安逸，画作里男性的显著特征则在其凝视的眼神里，这种眼神仿佛在提醒人们，前方等待着他的将是多么可怕的航程。

米莱斯1874年的创作，与1851至1852年间创作《奥菲利亚》时期的绘画风格是大相径庭的。他于1855年结婚，据说这件事影响了他的创作风格。他与艾菲·格雷（引人侧目的是她曾经嫁给米莱斯的同行约翰·拉斯金）的婚姻幸福美满。他们一起养育了八个孩子，他必须得供养如此庞大的家庭，这也可能是他在艺术上多产的原因之一。早期，米莱斯以拉斐尔前派兄弟会的风格作画，而当他拥有了庞大的家庭之后，支持者们发现他的画风有所转变，甚至认为他出卖了自己的艺术初衷。因此，米莱斯最畏惧上述提到的约翰·拉斯金（他不仅是艾菲的前夫，更是一位艺术评论家、赞助商及思想家）和艺术家威廉·莫里斯对自己的评价。尽管如此，米莱斯依旧拥有众多支持者。他的作品获得过很多大奖，并在1853年入选为英国皇家艺术学院的助理。对于米莱斯而言，在他绘画生涯的第二个阶段，他仍是多产和多面的。对那些较为客观的观者来说，他的肖像画、历史场景画、风景画或插图的水准和质量依旧令人赞赏。

### （四）雅姆·蒂索：《甲板舞会》（1874年）

在同一场英国皇家艺术学院展览中，梵·高还看到了定居伦敦的法国画家雅姆·蒂索的画作。1874年6月16日，他记录了自己在展览上发现“有三幅漂亮的蒂索的画作”这一细节。古庇画行在伦敦分店有一些目录产品照片的复制品，梵·高在一年前就已经了解到了这位法国画家的作品。在英国生活的这几年里，梵·高在字里行间反复提到蒂索，推崇其作品，并认为其笔下的（女性）人物形象中充满了“生命与激情”。

1836 年生于法国城市南斯的蒂索，于 1859 年的巴黎沙龙上初次展出了他的作品。蒂索在巴黎的友人中邂逅了埃德加·德加和爱德华·马奈。蒂索早期曾画过前中世纪场景的画，受与他同时代的比利时画家亨利·利斯的影响。梵·高也注意到了这种影响，在 1874 年 8 月 10 日给提奥的信中写道：“说‘利斯非但不是索蒂的模仿者，反而更像一位志同道合的人’（这是引用艺术批评家泰奥菲·戈蒂埃的话），这样评价他很中肯，我也有类似的感受。只要谁看过蒂索的画，就一定会有这样的感触。”1836 年，蒂索开始集中精力创作当代人物肖像。1871 年，蒂索搬到伦敦之后，则开始被委托创作人物肖像，主要是为女性画像。蒂索可能是维多利亚时代上流社交场合里最受欢迎的画家之一，这种职业生涯的转变确实有利可图。蒂索在这一时期的创作都极受欢迎。不久，蒂索回到巴黎，在赛德梅尔画廊举办了一场盛大的个人画展。1885 年 5 月 4 日和 5 日，梵·高写道：

> 我听说蒂索有一个展览，你去看了吗？说到底，他这样一位画家在用尽办法把自己的人生故事与热情倾注到他的作品中去。只要他们真切地生活着，无论是哪一

◆雅姆·蒂索《甲板舞会》

种风格的画作——阿尔弗雷德·史蒂文斯的女士肖像画也好，蒂索的其他画也罢，都是真正伟大的作品。

雅姆·蒂索的《甲板舞会》是1874年英国皇家艺术学院夏季展览的参展画作。那时，梵·高恰好住在伦敦，而且还去参观了画展，所以极有可能他看过这幅画作。当时，这幅画在许多方面都堪称时代典范。甲板上铺张的舞会现场，被笼罩在由许多旗帜拼成的华盖之下。几乎没有哪面旗帜平展地挂在船上。那些五彩缤纷的旗帜令人疑惑，它们与大英帝国的殖民地有什么关联呢？或者跟这艘船可能去的其他目的地有什么关系？或许两者皆有。对此，梵·高，这位维多利亚时代的观画者，却委婉地表达出他的心得：这可能就是面向中产阶级（有钱人）的登船远航周游世界之旅。

画作被命名为《甲板舞会》，假如确实有舞会，那它就很可能是在船只的甲板上举行的。这样的舞会，极有可能是人们放眼大洋彼岸，满怀着兴奋期待着下一个目的地而举行的一次巡游。画面上，甲板中部空荡荡的，也许这幅画可以取个更恰当的名字——正待举行的甲板舞会。作为19世纪下半叶才出现的社会现象，正如观光旅行一样，在社交聚会频繁的阶层，人们的装扮，尤其是女士们身着长裙，也表明蒂索描绘的正是这群悠闲的观光客所处的时代。在这一时期，多亏有照相技术的介入，人们日常生活的方方面面都比过去更为完好地被记录下来。1875至1900年间，时尚印刷品（彩色印刷品，主要面向女性）开始成为传播最新时尚理念的重要媒介。与此同时，最新的时尚在绘画中也得以展示。

1871年，蒂索到达伦敦，影响了当时英国的视觉艺术。在他的召唤下，许多著名艺术家慕名前往伦敦拜访他。其中包括贝尔特·默里索特，她是印象派的第一位女性代表人物，经常描绘室内的女人和孩子，在当时很有影响力，后来与马奈的兄弟尤金结婚。从蒂索伦敦时期的许多作品中，可以追溯他最初的巴黎生涯的痕迹。《甲板舞会》就是以明显的法国印象派的方式描绘了人物。

在这幅画里，蒂索仿佛用快照拍下了维多利亚时代上流社会社交场合的那些人们。评论文章称这类油画以逼真的自然效果为目的：尽管画法的精准令人钦佩，却缺乏具有艺术美感的内容。无论如何，雅姆·蒂索创作的此类作品是极为成功的。他因此接到了许多的委托，赚了大笔金钱。

### （五）威廉·鲍威尔·弗里斯：《德比赛马日》（1858 年）

1856 至 1858 年，威廉·鲍威尔·弗里斯受雅各布·贝尔委托，画出了在英国最为人津津乐道的名画之一。这幅画至今仍被英国人深深引以为豪。那时，弗里斯业已成名，用一种全新的“社会现实主义”风格进行创作。弗里斯作为一个旁观者来到德比赛马地，短短一天后，他就迷醉于那里放松、悠闲、优雅的氛围中。德比马赛，是伦敦附近的爱普生·唐斯地区专为三岁大的马匹举行的年度比赛。这项赛事激发了弗里斯的灵感，他由此创作出了自己的代表作——一幅再现维多利亚时代日常生活场景的作品。一名同期到访德比的法国人，记录下了此项运动是如何令英国人放松身心的——仿佛被压抑了一整年的蒸汽找到了喷发的时机一样。

我们无法确认梵·高是否曾亲眼看过《德比赛马日》这幅画作。自 1859 年起，这幅画作就在国家美术馆展出，但他却从未在信中提及。1883 年 2 月 4 日在写给朋友安东·范·拉帕德的信中，他提到了其他几位画家，像格林、巴克曼、汤普森，他们也画了德比赛马日的观众。就算梵·高从未提起这幅画或是这位画家，它依然是一幅维多利亚时代出色的画作。

这是一个人们极少会越过等级或其他社会界限的时代。他们大多会选择与相同阶层的人待在一起，比如同家人在一起。平民工作辛劳，钱少工时长。然而，德比赛马日（以下简称“德比日”）给这暗淡的生活和世俗的日常提供了一种不同寻常的体验。德比日的气氛是放松的、不拘礼节的，与狂欢节或老式义卖集市没有什么两样。在德比日当天，富人和穷人比肩共欢，妓女、扒手与市民、贵族甚至政客们随意接触。孩子们看上去正热切期待着比赛开场。这幅作品的有趣之处就在于，它向观者展示了维多利亚时代社会的一个清晰的侧面。它也给人们提供了梵·高身处的那个社会样貌的一份说明。

《德比赛马日》这幅作品架构得十分有力。尽管画面的前景上同时发生着几件事，我们的视线还是会聚焦在画面中心偏右，一辆停在那里的马车正被热情的人群一拥而上，仿佛不想错过在他们四周发生的一切新鲜事儿。作品叙事的中心就由前景中的事件构成。画面上形成了一条对角线，从马车左侧向上延伸至隐蔽的背景处，这条结构线使画面中心更加突出。另一因素是浅色系的运用（白、浅灰、米黄）。在画面的中心部分，一个单膝跪在毯子上的男子抓住了我们的注意力。他像是个杂耍演员，正对着一个孩子伸出双臂。他们似乎准备好了，随时可以开始演出。

有人可能提出争议，《德比赛马日》是由三个独立的场景组成的，这三个场景中任何一个都可以被看作是一幅独立的作品。右侧的场景由敞篷马车上的女士构成；左侧场景在画面边缘处，我们可以看到有一群人围在一顶“革新俱乐部”搭的私人聚会帐篷门口，对这群活力四射的人物，用了更加

•威廉·鲍威尔·弗里斯《德比赛马日》

生动明亮的色彩来渲染——与画面其他部分不同，在这里，弗里斯用了更多的红色和其他亮色。

画面上所有人物的表情多多少少都表达出共通的情绪，这份情绪也是弗里斯在德比日当天仔细观察了节日氛围之后有意表现出来的。这种氛围与维多利亚时代英国的日常生活氛围形成了鲜明的对比。消失不见的是等级与社会地位的约束。在德比日，每一个人都在平等的情绪之中尽兴享乐。为了表现出这虚幻的社会平等的短暂时刻，弗里斯画出了千姿百态的人物面貌。因此，它又是一幅讽喻画。这证实了我们的最初推论——这幅画可以作为“社会现实主义”风格的一个范例。就作品本身的意义而言，其社会性体现于各个社会阶层的每一个人都被给予了平等的视觉关注。这就是为什么妓女被画成了一个坐在马车里举着太阳伞的女士，一个抛着色子的男人坐在一个小小的折叠桌前。正如威廉·鲍威尔·弗里斯的许多其他画作一样，《德比赛马日》是一幅描绘画家自己生活的时代的作品。并非以表现维多利亚时代的经济或科技进步为特色，而重在描绘使一切发展成为可能的人本身。只是此时，这些维多利亚的子民们正在享受德比日的欢愉快乐。

这幅画作的成就排山倒海而来。它不仅成为当时最有名的画作，还给威廉·弗里斯带来了1500英镑的巨额收入。1858年，《德比赛马日》在英国皇家艺术学院首次展出。维多利亚女王和艾伯特亲王也出席了展览会。女王陛下早已将弗里斯的《海边假日》（即《拉姆斯盖特海边》）收为王室藏品，又进一步补充搜集弗里斯的其他作品。看起来，她也没有更多的注意力可放在同期展出的其他画家的作品上了。

## 《麦田》（*A Cornfield*）与《麦田》（*The Cornfield*）

当你访问伦敦时，如果你计划去国家美术馆和泰特美术馆参观，请找一找以下两幅画作，作个对比：早在1817年，约翰·康斯特勃依照萨福克郡风景画了一幅《麦田》，不过他没有完成这幅作品。它如今悬挂在泰特美术馆里。后来，康斯特勃成了英国皇家艺术学会的成员。1826年，他为参加同年举行的夏季展览寻找题材。他再次选择了“麦田”的题材，画出第二幅作品。现在这幅画也被冠名《麦田》，在国家美术馆展出。我们在前面提过这幅画作。康斯特勃曾说过一番话，不无道理：“世界是广阔的，没有相同的两个日子，甚或两个小时；自造物以来，一棵树上也没有完全相同的两片叶子。”他的第二幅同名画作，事实上也是全新的另一幅作品了。

可以确定的是，梵·高在国家美术馆看到了第二幅《麦田》。大概在他自己创作的许多幅关于“麦田”的画作时，也早已将它抛诸脑后了。

## 泰特美术馆

地　　址：英国伦敦米尔班克

邮　　编：SWIP 4RG

开放时间：周六至周四上午10：00—下午6：00（周五延迟至晚上10：00）

门　　票：免费

地 铁 站：皮姆利科、沃克斯豪尔或威斯敏斯特

# ■ 华莱士收藏馆

——心碎在海克福德路

## （一）阿里·谢弗：《泉边的玛格丽特》（1858 年）

1874 年，梵·高在海克福德路 87 号租了一个房间，卢瓦耶母女负责他的日常膳食。这个家庭的成员有母亲厄休拉和女儿欧也妮；父亲已经去世。在相处中，梵·高对欧也妮产生了深深的迷恋。梵·高的房间在房子前面的三楼，透过窗户可以望到街景；卢瓦耶母女在一楼开办了一个专收小男孩的小学校。这座房子保存到现在，于 2012 年 3 月出售给一个居住在伦敦的中国人，他是梵·高的崇拜者。

1874 年夏天，在巴黎和海尔福伊特短暂停留后，梵·高带着妹妹安娜回到了海克福德路。安娜想要在英国谋求一个教师职位。8 月 3 日，星期一，恰逢英国的“银行休假日”①，

① 和欧洲其他国家相比，英国的公共假日相对较少。这些公共假日也被称为“银行假日”，因为银行在假日会关闭，暂停所有交易。——译者注

梵·高带着妹妹安娜游览伦敦，他们去参观了离家不远的达利奇美术馆。

## 银行休假日

8月的时光里，梵·高十分享受“银行休假日”，这一天被他称之为“宗教节日”。基督徒可以休假一天，这是给他们的极好的奖励。

在1871年，梵·高搬去伦敦前的两年，英格兰银行①颁布了“银行休假日法案”，宣布所有银行在一年中可以歇业四天，所有人都可以休假。这四天是：复活节、5月的第一个星期一（即圣灵降临节）、8月的第一个星期一及12月26日（即节礼日）。现在，圣灵降临节和8月的第一个星期一已经被5月和8月的最后一个星期一取代了。元旦、5月1日及耶稣受难日都是官方规定的“银行休假日”。

据说，在那一段时间，梵·高向欧也妮表白爱意。不幸的是，欧也妮拒绝了他，转而选择了另一个求婚者。8月10日，

① 英格兰银行：成立于1694年，是英国的中央银行，通过货币政策委员会对英国国家的货币政策负责。它最初是充当英格兰政府的银行，之后逐步转换它的职能。1946年之后，英格兰银行被收归国有，仍为中央银行，并隶属财政部，掌握国库、贴现公司、银行及其余的私人客户的账户，承担政府债务的管理工作，其主要任务仍然是按政府要求决定国家金融政策。现在，它是全世界最大最繁忙的金融机构。——译者注

◆阿里·谢弗《泉边的玛格丽特》

梵·高给提奥写了一封信。在信里，梵·高回应了提奥对自己的伤心事表达的看法："你们论断肉身，我却不论断人。"这句话引自《约翰福音》第8章第15节。在这一章的故事里，一个妇人被控通奸，人们要求耶稣判她的罪，而耶稣保护了她。法利赛人[①]和文士[②]想知道耶稣是否会判她被石头砸死。耶稣回答："你们中间谁是没有罪的，谁就可以先拿石头砸她。"引述完这段话，梵·高问提奥是否知道，阿里·谢弗也曾在画里表达过这样的主题：

> 纯洁的心灵和不洁的肉身可以结合在一起。你知道阿里·谢弗的画作《泉边的玛格丽特》（*Marguerite à la Fontaine*）[③]吗？那个少女的心中"爱那么多"，世上又有谁比她更纯洁呢？

---

① 法利赛人（Pharisees）：一个犹太人宗派，过于强调摩西律法的细节而不注重道理。——译者注

② 文士（scribes）：文士在圣经时代通常指祭司，他们的职业就是抄写《圣经》，向人们传授神的律法。他们常常专心于琐碎的细节和忽视律法的精神，只要有微小的差错，他们就会将羊皮纸放到一边并重新开始抄写。在基督时代，文士与法利赛人一同研究律法和摩西五书，并为其作注释。《马太福音》中记载耶稣批评文士和法利赛人过于自傲，举止不切实际，忽视并无情地对待在精神事务上受他们指导的人们："你们这假冒为善的文士和法利赛人有祸了！因为你们好像粉饰的坟墓，外面好看，里面却装满了死人的骨头和一切的污秽。……在人前，外面显出公义来，里面却装满了假善和不法的事。"——译者注

③ 作品的英文名称为"Margaret at the Fountain"，梵·高在信中使用荷兰语称这幅画为"Marguerite à la Fontaine"。——译者注

最后那句话里的“爱那么多”，是梵·高从《圣经·路加福音》第7章第47节中摘录的。[①]

1858年，阿里·谢弗创作了这幅画。1872年，画作由一位艺术收藏家理查德·华莱士收藏。1897年，华莱士先生去世后，他所有的收藏品都在其伦敦的家——海特福德宫中展出。这座豪宅位于曼彻斯特广场，临近牛津大街，如今，已经成为一座博物馆——华莱士收藏馆。华莱士收藏馆每天免费对外开放。与前面提到的那些艺术收藏品一样，这座建筑本身就极具观赏价值，因为它保留了维多利亚时代奢侈的生活方式的华丽印迹。

## 海特福德宫和华莱士收藏馆

1776至1788年，为曼彻斯特公爵修建的“曼彻斯特宫”完工，地址就在今天的曼彻斯特广场。

1797年，这里被海特福德公爵二世租用。海特福德公爵四世大部分时间都在巴黎居住，不过他将这座豪宅专门用来容纳自己搜集的海量艺术藏品。1872年，他的私生子理查德·华莱士携妻子华莱士夫人入住曼彻斯特宫。与此同时，家族的艺术品收藏规模又进一步扩大，于是

① 《路加福音》第7章第47节：Therefore I tell you, her sins, which are many, are forgiven for she loved much. But he who is forgiven little, loves little.“所以我告诉你，她许多的罪都赦免了，因为她的爱多；但那赦免少的，他的爱就少。”——译者注

华莱士决定翻修宫殿，还扩展新建了一些画廊。翻修进行期间，他们把藏品放在伦敦城东部的贝斯纳尔格林博物馆展出。其间，展览吸引来500万观众，获得了巨大的成功。很可能就是在这次展览中，梵·高看到了阿里·谢弗的那幅画。在一封日期落款为1883年7月11日的信中，让人们推断，梵·高的确去参观了理查德·华莱士的藏品展。

理查德·华莱士去世后，他的夫人将整座宫殿连同所有的艺术品都赠送给了英国。1900年以后，这里就正式转型成为了博物馆。

油画《泉边的玛格丽特》，被安置在19世纪艺术展厅最显眼的位置。在梵·高的时代，《伦敦新闻画报》（1872年）对这幅画做过细致描述，古庇画行也收藏了它的照片和影印版。梵·高很有可能就是在贝斯纳尔格林博物馆里看到了这幅作品。这座博物馆创办于1869年，位于伦敦东区。据了解，这幅作品在贝斯纳尔格林博物馆展出的时间是1874年。作品主题取材于德国文学家歌德的诗剧《浮士德》，剧中被浮士德引诱的少女玛格丽特（德语名，又译“葛丽卿”，Gretchen），在井边打水时听朋友丽思贝丝（又译“黎丝沁”，Lieschen）议论一位未婚的朋友芭芭拉（又译“贝贝儿”，Bärbelchen）“一人的饮食是在喂养一双”[①]。梵·高引用《圣

① 暗指芭芭拉未婚先孕。——译者注

经》里的话——“你们中间谁是没有罪的，谁就可以先拿石头砸她”，这样的引述似乎表明，梵·高同情画中的玛格丽特。而作为旁观者的我们，是否也能从中推断出梵·高所爱的女子是怎样的呢？或许，从这幅画着“爱如此多”的女子的油画里，梵·高受伤的心得到了共鸣与抚慰。写完这封信几天之后，梵·高搬离海克福德路，住到属同一个社区的肯宁顿路 395 号去了。

## （二）阿里·谢弗：《浪子回头》（1857 年）

同一个展厅里，我们看到了谢弗的另一件作品，梵·高在他的信件中也有提及。《浪子回头》，或法语里所称的《浪子》（*L'enfant Prodigue*），创作于 1857 年。1874 年 1 月，梵·高写信诉说自己如何崇拜阿里·谢弗（谢弗于 1795 年生于荷兰多德雷赫特，但在巴黎生活和工作，直至 1858 年去世）。这幅画也在贝斯纳尔格林博物馆展出过，梵·高可能就是在那里欣赏过它。1876 年 11 月，梵·高写信告诉提奥和安娜，他在房间的墙壁悬挂了这幅画的复制品：

> 我在自己的房间里给你们写信，四下里无人而静默。我环顾着墙上的你们的肖像，还有那些图画：《安慰者基督》《耶稣受难日》《墓地上的孤女》《老胡格诺派》和阿里·谢弗画的《浪子回头》……此刻，我想念你们每一个人，想念那些在这里，在特南格连，在里士满，还

有皮特山姆……发生过的一切，我的心底因此生出了这样的感受——“请停下吧，上帝，请倾听那虔诚的祷告者——我的母亲，当我离开故乡时，她代我向您做出祈祷：‘在天的父，我祈求您莫将他们带离这个世界，而祈求他们留在世间，远离罪恶。’①上帝，倘若您能造就我，使我靠近我的父亲并成为他的同行者——一个基督徒，一个为上帝劳作的人。那么，上帝，请让我投身您已行进的伟大事业里，助我虽缓慢却又坚定地，一步一步，靠近我父亲的身畔，最后，成为他。”

《浪子回头》画的就是一对父子之间的故事。故事取材于《路加福音》第15章，儿子带着父亲赐予的财富动身前往一个遥远的国度，却一事无成，将财产挥霍殆尽。他回到家中，请求父亲说，只要能允许自己做家里的一个苦力就很满足了。父亲原谅了他，还说：“让我们大开筵席，庆祝你的归来！因为我这个儿子死去又复活，对我来说，是失而复得的珍宝！”

梵·高是理查德·帕克斯·博宁顿的崇拜者。后者是旅居法国的英国人。梵·高在写给提奥的信里曾好几次提及此人。

博宁顿恰好也是理查德·华莱士的父亲最钟爱的艺术家之一，这位老人购买了博宁顿的许多作品。海特福德宫的西画

① 英文原文为“Father, I pray not that Thou shouldest take them out of the world, but that Thou shouldest keep them from the evil”，是《约翰福音》第17章第15节中耶稣向天父做的祈祷。——译者注

廊平日里挂满了这些作品。梵·高为何对博宁顿持有那么高的评价，透过博宁顿画作的用色风格，可辨端倪。

海特福德宫东画廊1号、2号和3号厅很值得观赏，这里收藏有伦勃朗、扬·斯特恩、弗兰斯·哈尔斯、范·奥斯塔德、艾伯特·克伊普等资深荷兰大师们的作品。这些作品也是理查德·华莱士的父亲收藏的。甚至可以说，在伦敦，这里成了荷兰油画大师们艺术作品的集合地。

## 华莱士收藏馆

地　　址：英国伦敦曼彻斯特区哈特福德路

邮　　编：W1U 3BN

开放时间：每天上午10：00—下午5：00；仅在每年12月24日、25日、26日闭馆。

门　　票：免费

小 贴 士：馆内明亮的天井前厅处，有一家极棒的餐厅。整排装修时尚的洗手间，会让你仿若置身王室。每周二、周三、周四及周末提供免费导览。

地 铁 站：邦德街或贝克街

## 四 大英博物馆："神圣的黄昏"

——寻找真正的伦勃朗

### 伦勃朗画派：《基督与玛利亚及马大[①]》（约1652年）

不会有多少人专门为了版画和素描特地来大英博物馆参观。但1874年夏末，梵·高恰恰这么做了。我们获知这件事，是因为在大英博物馆的版画与素描馆里，访客簿上有梵·高的名字，日期是8月28日。梵·高是那一天的第四位访客。1877年9月18日给提奥的信中，梵·高写道：

曙光已然降临。诚如狄更斯所言，这是"神圣的曙光"。

① 玛利亚和马大，是住在耶路撒冷附近的村庄伯大尼的一对姐妹。《圣经》中很少记载耶稣回到拿撒勒自己家中，与父母弟妹相聚的情形；但多次记载他进了伯大尼的马大和玛利亚的家门。以财物接济人容易，开家门招待人却不是容易的事；可是马大常常接待耶稣和他的门徒，特别是主在世的最后一周，马大的家让主得到充分的休息和体力上的补给。——译者注

神圣的曙光和谐地照耀于心灵时，像文士如同家主般从自己的宝藏中奉出旧的与新的财富①；神圣的曙光照耀于他的姓名，他将与这曙光融合在一起。得到祝福的人明白自己的职责，并履行这一职责。伦勃朗深谙这份道理，他从心灵的宝库中不断奉出珍贵的财富，以及那些用乌贼墨汁、炭笔、墨水画就的传世名作（如今珍藏在大英博物馆中），描绘出伯大尼②的屋中发生的那个传世故事。

这幅画被人们称为《基督与玛利亚及马大》。在梵·高的时代，人们认定此画为伦勃朗·范·莱茵的作品，创作时间约为1652年。1899年作品展出时，第一次被人质疑作者的问题。最后，人们将这幅画与伦勃朗1652年创作的另一幅作品《书房中的密涅瓦》进行对比。后者收录在扬·希克斯（Jan Six，1618—1700）的私人收藏册中。希克斯的头衔除了摄政王和作家之外，还是一位收藏家，主要收藏版画、素描和印刷品，对伦勃朗颇为礼遇。伦勃朗《书房中的密涅瓦》就题献给他，这幅画上也署了他的名。

① 这句话套用了《马太福音》第13章第51节中的句子：Therefore every scribe which is instructed unto the kingdom of heaven is like unto a man that is an householder, which bringeth forth out of his treasure things new and old.（“凡文士受教作天国的门徒，就像一个家主，从他的库里拿出新旧的东西来。”）比喻门徒受到主的教谕，像文士那样获得理解和诠释真知的能力，并能将它们传播出去。——译者注

② 伯大尼（Bethany）：位于耶路撒冷附近的一座村庄，是玛利亚及其姐姐马大、弟弟拉撒路居住的地方。——译者注

大英博物馆馆藏的《基督与玛利亚及马大》的作者归属问题，在与伦勃朗的《书房中的密涅瓦》进行比较之后，最终得到确认。大英博物馆的馆藏版在线条上更加稀疏，不仅如此，画面对光线的处理在力度上也更弱。一旦与具有作者确凿签名的作品对比，就很难坚持说这幅画确实出自伦勃朗之手。画面上的两处细节，最明显的是基督的形象和玛利亚戴着的头巾，比画面其他地方表达得更为繁琐。

有两个理由可以对这个问题进行解释：第一是线条的流畅度；第二是整幅画面上细节处理的层级差异。涉及人物形象中使用高光的部分（比较显著地表现在他们的头部，有时候则是在手部）。此外，似乎有什么东西阻挡了光线：画家选择用淡墨汁完成整幅作品，因此，在画面里，当散布的光线遇到阻碍时，会停留其上，形成光效。这是伦勃朗风格的典型之处。与其他同题材的作品不同的是，画中被吩咐去做活计、忙着服侍大家的马大并没有待在厨房里，而是看上去刚刚进门。

分析至此，问题依然未解决：如果不是伦勃朗，那么，是谁画了这幅画呢？明确给出问题的答案几乎是不可能的。但值得注意的一个细节是：1654 年，一位名叫威廉·德罗斯特的年轻人在伦勃朗的工作室里当学徒，之后他离开了他的导师和祖国。在意大利短暂工作过一段时间之后，1659 年他在威尼斯英年早逝，享年 25 岁。梳理这些时间线索，我们发现这位年轻人很有可能才是《基督与玛利亚及马大》的作者。

梵·高在书信中继续诉说他关于这幅画的回忆：

玛利亚在耶稣的脚边坐着，这个女子已经选择了谁也拿不走的上好的福分。如果我记得没错的话，画面里的马大在房间里忙碌，拨弄柴火生火，或在做类似的别的事儿。我希望自己不要忘记这幅画，或者忘记它隐藏在画面里却又要表达出的东西。

较于作品的作者真伪问题，梵·高在信中表达的那份虔诚和启示更加重要。他对伦勃朗的崇敬最初基于伦勃朗是一位君子，也是一位基督徒。直到梵·高最终决定也要成为一名画家之后，他对伦勃朗的关注才转移到其作为艺术家的天赋之上。作为一名后学画家，他深深地被这位前辈画家的惊人才能所折服。

如前所述，梵·高花了不少时间为古庇画行的巴黎总部工作。在有限的闲暇时间里，他会去卢浮宫，在那些悬挂着17世纪荷兰大师绘画作品的展厅里参观。伦勃朗的画作给他的印象极为深刻。后来，梵·高在给朋友和家人的信中一度长篇大论地反复渲染这种印象。不仅如此，在选择绘画题材时，梵·高也会注意吸纳其他有名的荷兰艺术家的理念。梵·高拥有伦勃朗某些作品的印刷品和影印版。1877年，梵·高在阿姆斯特丹，他在那里做的事情之一就是在位于火绳枪手防卫堤的特普里房[①]跟随他敬爱的大师学习绘画。随着1885年皮埃尔·

① 火绳枪手防卫堤（Kloveniersburgwal）：一条南起新市场、北到阿姆斯特尔河的运河，在中世纪城市的边缘。在17世纪东侧成为住宅区，有几座富人的宅邸，如特里普家宅（Trippenhuis），现在荷兰皇家文理科学院设于此处。火绳枪手防卫堤以荷兰东印度公司在老高街的总部和仓

克伊伯斯设计建造的阿姆斯特丹国立博物馆建成，这里也成为伦勃朗1639至1642年完成的名画《夜巡》的归属地。

1874年，大英博物馆已经成为了展示来自全球的珍品的大型公共场馆。狄更斯形容馆里的绘画部分“面积不大，但很有趣，并且在某些方面非常有价值”。现在，博物馆里设有研究室，人们可以通过申请从档案室调出作品（这些作品包括伦勃朗的画作在内）来仔细研究。在隔壁的90号展厅，你会发现这里的藏画中有一幅梵·高本人的作品——《靠近阿尔的拉克劳平原》。

### 大英博物馆

地　　址：英国伦敦大罗素街

邮　　编：WC1B 3DG

开放时间：（博物馆画廊）每天上午10：00—下午5：30（周五大多延迟至晚上8：30），自下午5：20起陆续闭馆（周五晚上8：20陆续闭馆）；（版画与素描馆）周一至周五上午10：00—下午1：00，下午2：15—下午4：00。公共假期闭馆。

门　　票：免费

小 贴 士：伦勃朗画派作品仍在展出

地 铁 站：托特纳姆法院路、霍尔本路、罗素广场或高志街

（接上页）库而著称。在这些建筑中，有一所青年旅舍。——译者注

# 五 汉普顿宫，维多利亚与艾伯特博物馆

## （一）安德里亚·曼特尼亚：《恺撒的胜利》（1484 至 1492 年）

1876 年 7 月初，梵·高写信给提奥，说，“上周我去了汉普顿宫[1]，去看壮美的宫殿、迷人的油画和华丽的花园。长长的林荫道上，栗树和菩提树各自成行，葱郁茂密，树上的乌鸦和白嘴鸦成群结伴，栖息筑巢。”梵·高笔下的如此美景，哪怕在今天也依旧令人心动：在秀美的花园中漫步，在历史韵味深沉的宫殿中徜徉沉思，在被视如珍宝的伟大名作前瞻

① 汉普顿宫（Hampton Court）：有“英国的凡尔赛宫”之称，英国都铎式王宫的典范。1514 年渥西主教（Cardinal Wolsey）购得此区，1515 年开始建筑，王宫完全依照都铎式风格兴建，内部有 1280 间房间，是当时全国最华丽的建筑。后来渥西因为富倾公侯，引来国王的不满，1530 年去世之后，此宫遂为亨利八世所有。亨利八世和安宝琳进住此宫并开始扩建，英王爱德华一世即出生于此。——译者注

仰。梵·高说：

（这里）收藏有霍尔拜因的众多非常美丽的人物肖像画；伦勃朗出色的人像创作（一幅画家妻子的肖像，一幅犹太教教士的肖像）；贝利尼、提坦的意大利人物画像；达·芬奇的一幅画；曼特尼亚的组画；S·罗伊斯达尔的一幅美丽油画；克伊普的水果静物。无法向你一一列举这里的藏品，所以多希望你也在这里。如果你能够亲眼看到这些油画，我也会感到满足。

眼前的一切，都让我无法抑制地想象着那些曾在这里生活过的人们；想象着关于查尔斯一世和他的妻子的故事……随函附上一根羽毛，这是白嘴鸦身上的羽毛，我在汉普顿宫偶然拾得，赠与你，以作纪念。

1876年的汉普顿宫已经成为一处大受欢迎的旅游胜地。据《狄更斯词典》记载，当年从滑铁卢车站前往汉普顿宫需要花费42分钟。在这里，除了可以观赏到华丽的园林和非凡的宫殿，游客们还可以欣赏到许多杰出的油画作品，甚至能“发现它们与英国历史之间的关联”。在这里，有一处卓绝的园林景观始终令人着迷，那就是迷宫[①]。这座迷宫在梵·高的时代就已经存在了。

① 迷宫（Maze）：汉普顿宫内的一处景点，它由许多栅栏围成，布置错综复杂，以至于走进去之后如果没有向导或者图纸的帮助是很难走出来的。迷宫内蜿蜒曲折的小路长大约800米。——译者注

1625年，查尔斯一世与王后在这里居住。查尔斯一世是英格兰、苏格兰及爱尔兰的国王。梵·高每天步行去工作的路上都会路过这位国王的雕像，就在靠近特拉法尔加广场的查令十字街头。游览汉普顿宫时，梵·高一定会想到这位国王。他迎娶身为天主教徒的法国公主亨丽埃特·玛丽亚，这一举动给英国新教带来了巨大的压力。英国内战失败后，他试图出逃国外，终被判为叛国罪，于1649年被送上了断头台。

查尔斯一世和玛丽亚是一对酷爱艺术、热衷收藏的夫妻。1629年，查尔斯一世指派丹尼尔·尼斯到意大利购买艺术品。1630年，尼斯回国并带回大量艺术珍品，其中包含举世闻名的油画《恺撒的胜利》，由意大利文艺复兴时期的画家安德里亚·曼特尼亚[①]创作于1484至1492年。在写给提奥的信中，梵·高将《恺撒的胜利》描述为“曼特尼亚的组画”。今天，这组作品依然在汉普顿宫中占据着显著的位置。

曼特尼亚为创作《恺撒的胜利》耗费了八年时光。这是一套由九幅巨型油画组成的系列组画，每一幅油画的尺寸都是2.66米×2.78米。与曼特尼亚同时代的画家、建筑师、艺术史家瓦萨里在其著作《艺苑名人传》（1550年）中，评价这组画为曼特尼亚最好的作品。

---

① 安德里亚·曼特尼亚（Andrea Mantegna，1431—1506）：意大利帕多瓦派文艺复兴画家。北部意大利重要的人文主义者。热衷于描绘古罗马的建筑和雕像，并从古代的历史神话和文学中汲取创作的养料。其作品的古典主义特色对后世艺术家产生了极大影响。在壁画领域创造了用透视法控制总体的空间幻境，开创了延续三个多世纪的天顶画装饰画风。代表作品有《画之屋》《恺撒的胜利》《哀悼基督》等。——译者注

画家选择在九幅画面里刻画恺撒凯旋时的景象。他通过书本还原这位罗马执政官和将军臭名昭著的形象，还通过研究意大利古老的建筑寻找更多创作灵感。如此经典的传世之作，追本溯源，就会不得不感谢查理一世。如果查理一世没有指派丹尼尔·尼斯秘密前往意大利，并从曼图亚和蒙费拉托公爵费尔南多·贡扎加那里获取其艺术藏品，梵·高或许就不会在信中提及曼特尼亚，那么本书也就没有必要与这位艺术家有任何牵扯了。尼斯是一位威尼斯商人，也是17世纪最早和最有影响力的艺术品经销商之一，专营古代绘画和文艺复兴时期作品。客户就包括查理一世。国王最终决定买下这套组画，它们于1630年被送抵汉普顿宫至今。今天，曼特尼亚的油画被安放于宫殿底层光线微暗的巴洛克式暖房中。这座下沉式的暖房最初是为玛丽王后（威廉三世的妻子）所建，用以安放搜集来的各种稀世植物。在这里，游客可以通过观看资料片，了解有关《恺撒的胜利》的各种史料信息。

1649年，查尔斯一世被判死刑，玛丽亚王后仓皇出逃前往巴黎。《恺撒的胜利》无法在短时间内转移至别处，因此被留在宫里。因为动荡的政治环境，画作无人照管而常年曝露于空气之中，却未受到损坏，实乃不幸中的万幸。查尔斯一世死后，政治家奥利弗·克伦威尔入住汉普顿宫，他一方面对这些精美绝伦的油画深深着迷，另一方面却又总是在筹划着如何卖掉画作以此获得巨大财富。尼斯收购回来的其他藏品运气就没这么好了：1649年，它们被售出了。1962至1974年间，人们修复了这九幅画中的八幅。第九幅《囚徒》并未

• 安德里亚·曼特尼亚《恺撒的胜利》（组画一）

◆安德里亚·曼特尼亚《恺撒的胜利》（组画二）

◆安德里亚·曼特尼亚《恺撒的胜利》（组画三）

◆安德里亚·曼特尼亚《恺撒的胜利》（组画四）

◆安德里亚·曼特尼亚《恺撒的胜利》（组画五）

◆安德里亚·曼特尼亚《恺撒的胜利》（组画六）

• 安德里亚·曼特尼亚《恺撒的胜利》（组画七）

• 安德里亚·曼特尼亚《恺撒的胜利》（组画八）

• 安德里亚·曼特尼亚《恺撒的胜利》（组画九）

被遗漏，而是由于它的帆布画面表面存留的油彩颜料实在太少，所以人们决定就将它以原样保存。这样，它就成为九幅画作中唯一未经修复的那一幅。

从画面上看恺撒——这位常胜将军是如何从一场战役中凯旋的。他被簇拥着，四周包围着列队的士兵、乐手和来自外国的奇异动物、掠夺来的战利品……如此耀眼的人生故事和宏大的古典题材，备受文艺复兴时期艺术家的宠爱。当时的画家称赞这组作品：“安德里亚的《恺撒的胜利》美到极致，并无人再能超越。”因为这些画不仅仅是从规模上引人注目，以组画的形式完整表达了一个故事，而且还显示了曼特尼亚对人体解剖学非凡的理解，以及用透视的方法将画中场景描绘得如此栩栩如生。曼特尼亚还展示了他对“短缩透视”[①]画法的把握能力：当一件物体或人的肢体

① 在西方绘画历史上，有几个著名的技法推动了绘画艺术的发展。在远古时代，人类的绘画都是简单平面线条，由于缺乏有效的技法，因此一直不能反映不同物体之间的三维关系，只是一个二维投影或者说是剖面的感觉。后来古希腊人发明了短缩法（foreshortening），利用从特定视角观察的效果反应视觉差别，即景深。这种技法使得绘画的结果得到一定的改善，但还是缺乏对相对位置、大小、比例的刻画，因此仍然缺乏真实感。文艺复兴时期意大利艺术家发明了透视法（perspective），这个发明建立在对数学特别是立体几何的精确理解之上。举个例子，在没有透视法之前，对于大家熟悉的“一直通往远方的林荫道”场景，大家都理解那种道路尽头缩为一点的感觉，但是以前没有人知道怎样画，更不用说在复杂场景里，不同物体之间的精确关系了。透视法利用数学透视的原理成功解决了这个问题，通过这个方法可以快速精确勾勒出画面以及各个物体的框架，他们之间的位置、比例关系，他们之间的连线缩在远处的一个点上。——译者注

从画面里伸向观者的前方时，视觉上看它会比实际要短。把这种在当时比较先进的方法原理，恰当地运用在对现实主义风格画作中人物身体的描绘方面，增强了画面的力量感。

汉普顿宫如此令梵·高着迷，仿佛有精灵向他召唤。首先是美景的召唤——在这座如城堡般华丽的宫殿四周，围绕着引人入胜的园林，梵·高就是在这里目睹出自文艺复兴时期大师之手的那九幅巨作。每一幅画作被单独安置，这使画中的人物予人以神圣庄严的印象。这必定曾激起梵·高心底宗教式的情感。而荷兰总督威廉三世[①]传奇的一生，对梵·高来说也极具吸引力。经历了光荣革命[②]，威廉三世登上英王宝座。他与王后玛丽二世一起入住汉普顿宫。随即，威廉三世任命建筑师克里斯托弗·雷恩把汉普顿宫按照巴洛克风格[③]彻底重修。都

① 威廉三世：系荷兰执政威廉二世与英国国王查理一世之女玛丽公主的儿子。1672年，法国太阳王路易十四与英国联手攻入荷兰；7月，威廉三世就任荷兰执政，并与神圣罗马帝国结盟，将法国人击退。1677年11月，为与英国结盟，他与表妹、英国公主玛丽结婚。1688年11月，英国发生光荣革命，自由议会邀请威廉三世登陆英国。1689年1月，英国议会宣布国王詹姆斯二世逊位，立詹姆士二世的女儿及女婿玛丽二世和威廉三世为国王，并通过《权利宣言》；4月，威廉三世与玛丽二世共同加冕为英国国王。——译者注

② 光荣革命（Glorious Revolution）：1688年，英国资产阶级和新贵族发动的推翻詹姆斯二世的统治、防止天主教复辟的非暴力政变。这场革命未有流血，因此历史学家将其称之为“光荣革命”。君主立宪制政体即起源于这次光荣革命。——译者注

③ 巴洛克（baroque）：建筑是17至18世纪在意大利文艺复兴建筑基础上发展起来的一种建筑和装饰风格。其特点是外形自由，追求动态，喜好富丽的装饰与雕刻、强烈的色彩，常用穿插的曲面和椭圆形空间。——译者注

铎王朝时期留下的旧宫殿也被修葺一新。园林被改造，景致重新被修复营造。1694 年玛丽王后去世，这项浩大的工程因而没有最后完工。因此，这座宫殿保留着都铎式[①]和巴洛克式两种鲜明的建筑风格。随着玛丽的离世，出身荷兰的威廉三世失去了与英国最后一丝的关联感，不复感到如家般舒服自在，渐渐地，就失去了对重修宫殿的兴趣。1702 年，他在汉普顿宫园林中纵马驰骋，不慎从马背跌落，重伤不治，旋即在肯辛顿宫离世。威廉三世去世后，与妻子玛丽同被安葬在威斯敏斯特大教堂。

## （二）维多利亚与艾伯特博物馆

没有去过维多利亚与艾伯特博物馆，就不能算游遍了汉普顿宫。在梵·高的时代，它被称作南肯辛顿博物馆，由万国工业博览会的收入建成。在 1884 年 8 月梵·高致提奥的信中，也就是他论及康斯特勃《山谷农田》的那封信，我们可以了解到，梵·高也去参观了这座博物馆。

---

① 都铎式府邸建筑体形复杂起状，尚存有雉堞、塔楼，这些属于哥特风格；但其构图中间突出，两旁对称，已是文艺复兴风格。这一时期，还出现了许多半木结构（half timber，或叫露木结构）的房屋，供小康人家居住。这种房屋内外墙均用木构架，而在构架之间填以砖或灰泥。漆成深色的木材和淡色墙面形成强烈对比，屋顶为陡峭的双面坡顶。这种房屋具有鲜明的民族特色，常为游人所注目。在英国艺术史上，喜欢用王朝或君王的名字命名近代艺术风格。除上面提到的都铎式外，还有詹姆斯式、乔治亚式和维多利亚式。——译者注

1865年，博物馆藏有拉斐尔1515至1516年绘制的圣彼得和圣保罗生平组画十幅中的七幅。当时，拉斐尔的名声登峰造极，这组画也成为了全世界盛赞与复制的热点。此后数十年，这组画面还被制成了壁毯。这七幅原画是查尔斯一世1623年以300镑购得的，安放在汉普顿宫。查尔斯一世去世后，其中几幅被搬到了白厅的国宴厅，但王政复辟之后，作品又作为皇家收藏的一部分回到了汉普顿宫。1865年，维多利亚女王亲自下令，把拉斐尔的组画移到了南肯辛顿博物馆。1899年，博物馆易名，以女王和她的丈夫艾伯特亲王来命名，汉普顿宫鸳鸯失伴。当时画作搬迁的景象十分壮观。梵·高很可能在参观博物馆时看到了这组画。

## 汉普顿宫

地　　址：英国萨里郡

邮　　编：KT8 9AU

开放时间：夏季每日上午10：00—下午6：00；冬季每日上午10：00—下午4：00。

门　　票：16镑

小 贴 士：公园免费，常年开放。

地 铁 站：滑铁卢

## 维多利亚与艾伯特博物馆

地　　址：英国伦敦克伦威尔路

邮　　编：SW7 2RL

开放时间：每天上午10：00—下午5：45（周五延迟至晚上10：00）

门　　票：免费（不包括特展）

地 铁 站：南肯辛顿或骑士桥

## 六 达利奇美术馆

到伦敦后过了几个月，梵·高在1873年7月20日写给提奥的信里表达了对两位18世纪画家的敬仰之情。这两位画家就是约书亚·雷诺兹和托马斯·庚斯博罗[①]：

> 英国美术最初并没有吸引我，适应它需要一个过程。不过，这里也有一些优秀的画家，比如雷诺兹和庚斯博罗等，他们大多画过极其美丽的女性肖像画；还有特纳，通过他的画作，你可能才会理解什么是版画。

梵·高在英国度过的第一个银行休假日是1873年8月4日。梵·高抓住这个机会，和几个德国友人一起离开伦敦，前往达

① 托马斯·庚斯博罗（Thomas Gainsborough，1727—1788）：英国肖像画家、风景画家。英国皇家艺术学院的创始人之一。曾为英国皇室绘制过许多作品，并与其竞争对手约书亚·雷诺兹同为18世纪末期英国著名肖像画家。——译者注

利奇，“出伦敦后又行进了一个半小时，到那里的博物馆参观”，去参观他们的作品。刚好在一年之后，1874年8月3日，这一天又是作为银行休假日的星期一。梵·高去了同一座美术馆，这次是和暂住他家的妹妹安娜同去的。达利奇如今属于大伦敦地区的一部分，而在梵·高的时代，它只是位于泰晤士南岸的一个小村庄。英国最早的公共艺术画廊就于1811年在这里创办。两位艺术品收藏家——法国人弗朗西斯·布儒瓦和瑞士人诺尔·德森凡斯把他们收藏的360幅油画捐赠给达利奇学院，这是一所本地的男子寄宿学校。他们还捐了一大笔钱，准备在此地建造一座新的博物馆。1811年，德森凡斯的遗孀玛格丽特再次捐赠资金，建馆必需的资金终于齐备了，工程也终于开始建造起来。自此六年后，达利奇美术馆将打开它的大门。

1873年，梵·高初次来到达利奇。我们在当时留下的访客簿上还能找到他的名字。那一天，梵·高一定是在雷诺兹和庚斯博罗所绘的女性肖像面前一饱眼福了。那些肖像画至今仍在原处，备受瞩目。托马斯·庚斯博罗（1727—1788）和约书亚·雷诺兹（1723—1792），在当时的英国都是最重要的人物肖像画家。

雷诺兹和庚斯博罗都为同时代的著名女演员，来自威尔士的锡登斯女士（她扮演的麦克白夫人形象最为著名）画过像。雷诺兹的《锡登斯女士》以《悲剧缪斯》之名在达利奇展出（这幅画有两个版本，另一幅在美国加利福尼亚保存）；庚斯博罗的同题材作品，直接冠名《锡登斯女士》，被展示在国家美术馆。达利奇美术馆中还有一幅杰作，即前面提到的那位诺尔·德森凡斯的遗孀的画像，题为《玛格丽特·莫里斯小姐，即后来的德森凡斯夫人》。

没人知道梵·高在达利奇究竟看过哪些作品。但了解到上述两位画家有诸多女性肖像画在那里悬挂，我们可以推想，当梵·高看到这些画时，它们是多么地光鲜亮丽。让我们把目光集中在两幅作品上，它们分别出自那两位画家之手。今天去参观，你仍然可以欣赏到。

## （一）托马斯·庚斯博罗：《伊丽莎白和玛丽·林利》（1772 年）

庚斯博罗专门为上层社会的妇女画像。一个极好的例子就是那幅题为《伊丽莎白和玛丽·林利》的画像，一直在达利奇美术馆展出。这对姐妹花出身于一个有名望的音乐世家，庚斯博罗和这家人长期保持着友谊。伊丽莎白被证明是两姐妹里最有天赋的，可她的音乐前途在她与丈夫私奔法国去的那年就中止了。那时两人都还没有成年。她去世时只有 38 岁。关于她的妹妹玛丽，我们则知之甚少。

在画于 1772 年的这幅双人肖像画里，姐妹俩的年龄分别是 18 岁和 14 岁。比起肖像，庚斯博罗对风景的描绘更加用心。就像他常做的那样，他在这幅作品里将风景画和肖像画结合在一起。他把姐妹俩的形象放在以乔木和灌木丛为结合的背景前面，形成对比，这是他的风格特色。画面的左边用透视法画了风景；玛丽似乎才把刚刚在看的乐谱放下，目光坚定地望向面前观众的方向；伊丽莎白则充满梦幻地望向远方，

• 托马斯·庚斯博罗《伊丽莎白和玛丽·林利》

这是否与她的未婚夫有关系呢？没过多久，她就跟着他私奔法国了。

两位淑女都身着做工精细的美丽衣裙。在色彩方面，玛丽的衣裙完全与背景融合在一起，伊丽莎白则与背景形成了反差，画面左侧深赭色的背景里，茶青色常春藤从近处幽暗中的树干上垂落下来，而远处的风景着墨渐淡，画面空间的视觉效果向纵深处延伸。

### （二）约书亚·雷诺兹：《玛格丽特·莫里斯小姐，即后来的德森凡斯夫人》（1757 年）

长久以来，雷诺兹以其英国肖像画家的身份闻名于世。他曾在伦敦接受美术教育，于 1742 年在德文郡开办了自己的画室。当时统领英国海军地中海舰队的凯珀尔将军把雷诺兹邀至身边。于是，雷诺兹跟随着舰队，游历了西班牙的梅诺卡岛，又在意大利停留三年，他对意大利的艺术巨匠如波提切利①、达·芬奇、多纳泰罗②及卡拉瓦乔③进行了

---

① 桑德罗·波提切利（Sandro Botticelli，1445—1510）：原名亚历桑德罗·菲利佩皮（Alessandro Filipepi），是欧洲文艺复兴早期的佛罗伦萨画派艺术家。——译者注

② 多纳泰罗（Donatello，1386—1466）：意大利早期文艺复兴第一代美术家，也是 15 世纪最杰出的雕塑家，对古典美术的推崇和借鉴，可以说是文艺复兴意大利美术家的共同特点。多纳泰罗在其一生中，创作了大量生气盎然、庄重从容的雕塑作品。——译者注

③ 米开朗基罗·梅里西·德·卡拉瓦乔（Michelangelo Merisi da Caravaggio，1571—1610）：意大利 16 世纪末至 17 世纪初的著名画家。他的艺术生涯

潜心研究。待回到故乡，雷诺兹的艺术生涯就此起步了。一时间，让这位年轻的绘画大师为自己画一幅肖像，成为人们跻身社会名流的先决条件之一。雷诺兹一生创作了两千多幅作品，除了肖像画之外，还有历史题材画、叙事画，他在创作这些作品时，从《圣经》故事、神话故事、寓言故事里汲取了诸多养分。这些作品大多是以表现人物群像为特色的巨制大作。

在漫长的创作生涯里，雷诺兹以记录当时所发生的大事件为己任，不断地孜孜努力。他的创作题材丰厚、数量众多。纵观他的肖像画，描绘对象不仅有贵族成员、军队高层，也有位高权重的牧师和剧场明星。

雷诺兹还经营油画买卖。他既出售自己的作品，也出售他所崇敬的前辈画家的作品。在美术界，他的名望很快建立了起来。1768年，英国皇家艺术学院成立，而他毫无悬念地被任命为院长。一年后，他被授予骑士爵位。然而，他的命运行至1789年时发生了戏剧性的转折——他失明了。

今天，达利奇美术馆珍藏并展出了许多雷诺兹的作品，包括《锡登斯女士》和《玛格丽特·莫里斯小姐，即后来的德森凡斯夫人》。后者是玛格丽特·莫里斯（1737—1814）的肖像。莫里斯小姐于1776年嫁给诺尔·德森凡斯，她也是这座美术馆

（接上页）是在意大利文艺复兴盛期的诸大师相继逝世后开始的。他是意大利杰出的现实主义画家。曾师从米兰画家培德查诺学画，继承了意大利北部现实主义民俗画的传统，并受到威尼斯画派的影响。1593至1610年间活跃于罗马、那不勒斯、马耳他和西西里。——译者注

◆约书亚·雷诺兹《玛格丽特·莫里斯小姐，即后来的德森凡斯夫人》

的捐资者之一。在丈夫去世后，她获得了德森凡斯 - 布儒瓦藏品的终生享有权，但她决定将自己享有的那部分捐赠给达利奇美术馆。

1757 年，雷诺兹为玛格丽特·德森凡斯画了这幅肖像。他用典型的 18 世纪下半叶肖像画的风格刻画她的形象。画中最重要之处在于女主人公的姿态、衣饰，还有她处于房间里的位置。在这幅画里，大师的签名则由许多小色块拼成。一束椭圆的光从画面虚空处打到主人公的背后，这是强化高光效果和面部特征的一种富于实验性又卓有成效的方法。玛格丽特·德森凡斯衣裙上蓝色织物的折痕簌簌闪光；她的左手优雅地擎着两支红玫瑰，手臂上垂下一串珠宝；粉红与蓝色的搭配显示出那个时代的流行色。雷诺兹并不美化赞助人的夫人的形象：他如实地把她的左眼画得比右眼大，尽管这让人感觉并不愉快。

1793 年，约书亚·雷诺兹去世，被安葬在圣保罗大教堂。1788 年，托马斯·庚斯博罗先生去世，他的墓碑安置在裘园的一座教堂里。

来达利奇美术馆参观，你还能在藏画中看到许多荷兰大师的作品，比如伦勃朗、罗伊斯达尔，还有艾伯特·克伊普。

## 斯特里特姆公共绿地

离达利奇不远，有一处可爱的绿地，被称为“斯特里特姆公共绿地”。这片大草场四周环绕着住宅洋房。1875 年 4 月，梵·高曾到过这里。那时他和琼斯一家一起住在肯宁顿街上的一座客栈式小别墅里。在一个不幸的早晨，他的房东家13岁的女儿夭折了。梵·高在那一天步行到斯特里特姆画画（可惜那幅画作已经丢失）。“那是一幅斯特里特姆公共绿地的风景图，”他写了下来，“成片的草坪在大地上铺展开，间或点缀着橡树和金雀花。昨夜下了雨，地面上到处湿润润的，幼嫩的春草新绿可喜。”今日，这里的景色依然如故。

## 达利奇美术馆

地　　址：英国伦敦美术馆街

邮　　编：SE21 7AD

开放时间：每周二至周五上午10：00—下午5：00，周六、周日上午11：00—下午5：00（银行休假日照常开放）。

门　　票：5英镑（18岁以下免费）

地 铁 站：布里克斯顿

# 我对伦敦几多爱

——英国对文森特·梵·高的影响

（代后记）

几天前，我们得到了一幅画作，是德·尼蒂斯画的。画里的伦敦，下着雨，每天清晨和夜晚，我都会走过威斯敏斯特大桥。我知道当太阳从威斯敏斯特大教堂和国会大厦后面沉落下去时的样子，也知晓它清晨的模样，以及冬日大雪雾气笼罩下的姿态。

当我看到这幅画，我感到自己是多么地钟爱伦敦。

1875年7月24日写给弟弟提奥的信里，梵·高在信纸左上角附了一幅素描。画的就是威斯敏斯特大教堂和国会大厦前的威斯敏斯特大桥。

本书并非意在写一本新的梵·高传记，或有关他的艺术创作的历史散文。不如说，我们想要提供给读者的是一份导览图，帮助你去认识梵·高所了解的伦敦，这座多年来持续给予他激情与灵感的城市。尽管如此，在旅居英国的这些年里，梵·高究竟在艺术方面受到了多少影响和滋养，我们还是无意过多置评。读梵·高的文字，我们已经能够判断，他对伦敦的爱有多么地深。不到三年的时间里，一切所见和经历都深刻地保留在他的伦敦印象中。在这些信件里，他不仅描述人——画家、制图匠人、作家，也记录伦敦的大街小巷及伦敦之外更远处的市井生活：

> 伦敦的一切都与我如此契合。我的房子特别棒，在这儿观察伦敦、这城中的人和他们的生活，对我来说是莫大的快乐。我怀抱自然、艺术和诗歌，如果这都不知足，还能要求什么呢？

在这段信里，梵·高全面地总结了英国带给他的影响——英国人和他们的乡土，这里的自然风物，它的艺术和文学。

与同时代大部分艺术家相比，梵·高总是在自学。在比利时安特卫普学院[①]学习的短暂时期，梵·高一心一意地反复临摹别人的画作，不断地进行写生练习，在通往艺术家境界的道路上攀登。为此，梵·高调动他的一切资源，在英国期间看过的各种绘画作品，他都铭刻在心，从中吸收艺术的养分。

① 1885年11月至1886年初，梵·高在安特卫普学院学习了三个月，在对色彩运用的探索上更进一步，逐渐摆脱荷兰绘画中惯用灰黑色系的传统，转而大胆使用明亮纯粹的色彩，个人风格渐趋形成。——译者注

## （一）英国与英国人

梵·高抵达伦敦时，周遭的一切都在快速发展着，社会不断发生着变化。工业革命不仅仅催生出新的工作和产品，还为普通人提供了各种可能，因此也引发了人口向城镇的大迁徙。19 世纪下半叶的英国正处于它的全盛时期，发生于社会层面的骚动自然也影响着艺术。另外，维多利亚女王和艾伯特亲王也不遗余力地支持着艺术的发展，他们捐资兴建的许多新美术馆为梵·高提供了新的场所，他可以观摩和学习大量的艺术作品。

从古典派的画家雷诺兹和庚斯博罗，到更浪漫的特纳和康斯特勃，再到拉斐尔前派的米莱斯及可能是社会现实主义者的弗里斯，我们注意到梵·高是如何受这些英国画家们的影响的。此外，他还赞美过雅姆·蒂索、阿里·谢弗甚至自己的同胞伦勃朗的作品，也许他把看到的每一幅作品都储存在自己的记忆中了。

在英国度过的几年间，梵·高租住过许多不同的房子，在工作中接触到了各行各业的英国人；他通过大量阅读和写作来提高自己的英语水平；他抄写诗歌和赞美诗，用英文写布道辞；他甚至用英语跟别人交谈。想象一下，当他徜徉在宏伟壮丽的圣保罗大教堂里，或漫步奥斯丁会荷兰教堂的历史中时，一定有过灵光突现；当凝视国家美术馆、大英博物馆或南肯辛顿博物馆门前巨大的台阶时，他又是何等的满心敬畏；无论是在自己独处的陋室，还是在每日回家路上经过那些已成为伦敦地标的遗迹——特拉法尔加广场、威斯敏斯特大教堂、国会大厦和大笨钟时，他是怎样地自得其乐?

## （二）自然

漫步在伦敦街头时，梵·高也曾经被街巷间雾气弥散的忧愁所触动。他甚至沉醉在这种典型的伦敦天气里——对他来说，再没有哪里可与此处朦胧忧郁的氛围相比了。夏秋两季，他很享受在海德公园和塞恩公园游荡的时光。前者对他来说是前所未见的灿烂辉煌之地，后者则被他称为“幽暗公园”。从威斯敏斯特大桥上望泰晤士河水中荡漾的波光，这种景象也是梵·高所盛赞不已的。

他可以几个小时不停地在伦敦西边沿着泰晤士河岸散步，欣赏岸边粗壮的大树在水中的倒影；望着河面上的天空，他会把这实景与范·罗伊斯达尔和康斯特勃笔下的画面相比较；他如朝圣者一般，一连几天在英格兰南部徒步漫游，把遇见的一切事物尽收眼底。他将行路的过程和对大自然的热爱，看作是“更好地学习和理解艺术最真切的途径”（摘自梵·高 1874 年 1 月的信件）。这就是在伦敦几年间所发生的一切：梵·高学着去理解艺术，为日后成为一名艺术家打下了基础。

### 查尔斯·狄更斯的常春藤

在好几封信里，梵·高都援引了查尔斯·狄更斯的诗《常春藤的绿意》（*The Ivy Green*）。“那与众不同的植物，常春藤”，他摘取这一句，并认为常春藤“具有庄重和些许忧郁的气质”。走遍英格兰，他不厌其烦地观察常春藤如何生长、攀爬向上：它曾经从艾勒沃斯的雪地里伸展出来，攀过梵·高在伦敦和艾勒沃斯的屋外墙面，簇拥着拉姆斯盖特的教堂，在韦林镇安娜妹妹的房间里缠绕过画框。他亲手用常春藤和冬青枝为自己任教学校的男孩们做过花束，孩子们爱不释手。后来，他还为这种植物画过一幅素描《缠绕着常春藤的树林》（*Trees with Ivy*，1889 年）和油画《灌木丛与常春藤》（*Undergrowth with Ivy*，1889 年）。

## （三）艺术

梵·高探讨过各种各样的油画作品。在美术馆和各种宫殿参观时看过的，在给朋友和家人的信中提及的，那些感动过他的佳作，他满腔热情地谈论它们，还鼓动别人也前去欣赏它们。梵·高会习惯性地把某些艺术家和他们的作品牢记心底。名画的复制品（例如他在古庇画行所见的那些）后来被证实成为梵·高开启艺术家生涯的出发点。他观摩、临摹，把它们挂在自己的房间里。他从《图画报》和《伦敦新闻画报》上剪下来黑白印刷的图画，收藏起来。他把德尼蒂斯的素描《威斯敏斯特大桥》第1至3号组画临摹下来，附在给提奥的信里寄出去。在古庇画行工作，每日被艺术品围绕着，这让他对绘画更加热爱。

在前面的章节里，我们已经讨论了梵·高受过的诸多影响，比如，卢克·菲尔德斯的《空椅子》，菲尔德斯画的高礼帽，康斯特勃的两幅《麦田》，在国家美术馆展出的霍贝玛的画，博宁顿色彩丰富的帆布油画（离开英国很久以后，梵·高还常常会在信中提及，并且将博宁顿画作的复制品挂在巴黎住所的墙上）。鲍顿、米莱斯、雷诺兹、庚斯博罗、谢弗、伦勃朗、曼特尼亚、蒂索以及别的一些画家，梵·高在伦敦时就欣赏过他们的画，在信中谈论他们。

这些画家对他来说，必然曾直接或间接地起到了榜样的作用。他有时会把这种影响明确地表达在信里。比如，在从法国普罗旺斯的圣雷米①寄给妹妹威廉敏娜的信中，他讲解了自己运用在油画《卧室》中的基本的简朴风格（这幅画是他以“卧室”为主题创作的第三幅作品，他把它送给了妹妹。如今它在巴黎展出）。梵·高把自己简单化的、漫画式变形的创作方法和作品与乔治·艾略特在小说《菲利克斯·霍尔特》中

① 1888年5月3日至1889年5月16日，梵·高来到了圣雷米，自愿进入圣保罗精神病院，治疗因同年2月患病引发的精神失常。梵·高一边接受治疗，一边不断地作画。在此期间，梵·高创作出了《星夜》《柏树》等名作。——译者注

◆梵·高《卧室》

表现出的生活化手法相提并论：

你可能会发现，在这个奇丑无比的空荡荡的卧室里，仅有一张木床和两把椅子……我想要的是《菲利克斯·霍尔特》书中描写的那种简单朴素的效果。

此时，梵·高还没有开始在伦敦画画。不过，已经开始练习素描技巧和透视画法。如同他在1883年10月12日写给提奥的信中所述：

还在伦敦的时候，多少个傍晚，从南安普顿街回家的路上，我本该驻足泰晤士河河堤上画画的。多糟糕啊！如果当初有人告诉我什么叫透视画法，我就能避免多少苦恼了啊，我能比现在走得更远呢！好吧，既成事实就是既成事实，什么也改变不了。

如我们已知，在此不久后，梵·高将会“跟随米勒”开始画画。在梵·高后来的信里，他称呼这位画家为“导师”。以米勒为典范，他对画人物和人体产生了强烈的欲望。至19世纪80年代中期，梵·高在荷兰所画的全部题材都以织工和农民为对象，这一点与米勒类似。我们发现，让-弗朗索瓦·米勒这位法国画家的大名最早出现于梵·高和提奥的通信中，是在1873年9月13日，此时梵·高还在伦敦。提奥在来信中提到了哥哥并未见过的一幅画，这让梵·高很感兴趣。梵·高在回信中答复说，这幅画一定很漂亮；他还表示，由于自己的兄弟“在艺术上用心”就如同自己对米勒的仰慕之情那样，这让他感到多么地欣慰。

1875年5月，古庇画行策划了一场“欧洲优秀美术展”。米勒（还有柯罗和布列敦）的作品也在展出之列。梵·高对此一定很兴奋。这次展览也一定激发了他对现实主义风景画家的崇敬之情。后来，梵·高提到这些画家时就会称之为“农民画家”。

在1873至1890年间的通信里，梵·高经常满腔热情地提到米勒。梵·高在圣雷米精神病院住院期间，画了题为《夜晚》（仿米勒）的油画。此前，米勒有同名版画问世，梵·高曾把米勒的《灯下手工》挂在他位于巴黎蒙马特附近的房间里。梵·高还拥有阿尔弗雷德·德劳内的版画《雪地与农具》，一年后他以此为题也创作了一幅油画。这比起单纯地临摹原作更有意义，梵·高发现自己“把它们转化成了另一种独特的语言”。

## （四）诗歌

梵·高喜欢读着查尔斯·狄更斯写的有关伦敦的故事来度过圣诞节。自童年时代起，节日里阅读狄更斯就已经成为了一种家庭传统。尽管狄更斯溘然长逝于梵·高到达伦敦的三年前，他对这座城市的影响依然随处可寻。之后，梵·高从乔治·艾略特笔下人物形象的身上学习到了质朴坦诚的特质，对作家本人的宗教思想也深为赞同。阅读朗费罗和苏珊·沃纳的作品时，梵·高感到自己仿佛是一个朝圣者。

以上作家都是曾在梵·高通信里提到过的；济慈的诗歌也曾被他巨细靡遗地援引到信中来。毫无疑问，这些作家都曾对他的创作理念和后来的作品产生了影响。在离开英国之后，梵·高始终没有停止过阅读英国文学，直至离世。

# 只要活人还活着，死去的人总还是活着

（译后记）

深夜和酒容易让人说真话。让我喝一杯苦艾酒，然后慢慢地开始这篇译后记。欧文·斯通在《渴望生活：梵·高传》一书里写道：“梵·高的一生，是人所经历过的最为悲惨而成就辉煌的一生。”

2015年，是文森特·梵·高逝世125周年。人们对梵·高艺术的关注持续升温，越来越多的人通过各种渠道去探究他的作品，打量他的人生。梵·高与亲友的往来信件在网络上疯转，艺术巨匠的生活一点一点地在大众眼前展现，他的形象渐趋完整，典型的甲字脸型，颧骨高凸，浓密的胡子也不能隐藏尖瘦有力的下巴，当然最特别的是那双深嵌的眼睛，时时都透出内心的复杂情绪。把梵·高的自画像以时间为轴一字排开，只看眼神，前期的疑虑、痛苦、焦躁，后期的释然、安静、出世，你说你看不出？怎么可能，那么明显，也许他根本没想隐藏。

我不知道该从哪儿说起，关于梵·高的故事，你们通通都知道的。爱情生活的迷乱与癫狂；轮番折磨的抑郁症与心理病痛；37 岁死亡时的重重疑云……关于他的研究，巨细靡遗。你们想听什么？我又能说出什么新意？好像，左右都没法儿。不如，说说为什么喜欢梵·高吧。

不长的人生履历以及艺术创作历程无非是让人增加了一些艺术史的谈资，但让你感慨恨未相逢同时的还是一个与你情感接近的艺术家。在所有喜欢梵·高的理由当中，有一点是我们每个人都无法辩驳的：我们心中都有执念，为了那个压在心底永不崩坏的理想。

将梵·高的一生浓缩在数百封往来信件和近千幅画作里，若你肯仔细翻阅，沉淀其中的那份炽热、孤绝与美好，是真正值得被珍藏的感觉。它是属于你的“梵·高”，无法被缩略的“梵·高”，一个略显疯癫的普通人，一个在前行路上始终选择苦难的生命。阿司匹林无法让向日葵花开不败，梵·高却让他的向日葵终日向阳。

梵·高说，“当我画一个太阳，我希望人们感觉它在以惊人的速度旋转，正在发出骇人的光热巨浪。”以“揣摩”的心态去看梵·高的画作，好像突然明白了那种浓烈明亮的色彩、无法控制般的亢奋所传递出的情绪，梵·高的每一幅画都是他的“自画像”，梵·高对生活的热爱与渴求，梵·高的敏感超越常人，在这个过程中，所有被感知并放大的情绪，令梵·高倍加痛苦，并陷入疯狂，这些无法安放的情绪是其灵魂深处无法突破的孤独。

关于油画鉴赏，我是门外汉，只是习惯了远远地看，静心记住每个瞬间稍纵即逝的感觉。而知道梵·高却是因为海子，初中的时候，我能默写海子的每一首诗。海子把梵·高唤作“瘦哥哥”，那时很好奇这是一个怎样的瘦哥哥，在后来才知道。虽然一个是诗人，一个是画家，但他们是同一类人。

曾经看到有人这样评价梵·高：“从来没有一个人，像他一样用一生诠释了悲剧的定义；从来没有一个人，在孤独里除了变成精神病，也创造了伟大的艺术；也从来没有一个人，成为全世界怀才不遇、抑郁不得志人们的最佳形象代言人。”嗯，真的就是这样。

写到这里的时候，二十层的窗外风声呜咽，也许明天长安城里持续了一周的雾霾就会被吹散。我想起梵·高曾经给提奥写过的一封信，在信里他说：

> 幽暗的田野、浓郁的牧场，羊群星星点点散落其间，荆棘满目。几棵高大的橡树虬枝盘曲、接叶吟风，疯长的苔藓爬满树干。天空绽出蔚蓝色的光，有星不肯睡去。远远的地平线处，浓稠的云在徘徊。太阳未升起之际，我听见耳边有百灵鸟在歌唱。

磨难总是对梵·高格外偏爱。假设，人生可以选择，你可愿经历他所经历的一切，有生之年活得几乎一败涂地，却赢得身后万丈荣光？庆幸梵·高就是梵·高。梵·高说：“生活对于我来说是一次艰难的航行，我不知道潮水会不会上涨，及至没过嘴唇，甚至涨得更高。但是，我要前行。”

1890年7月27日，在金色的阳光下，梵·高用左轮手枪抵住身侧，扣动扳机，是真的绝望了么？以一种极端的方式离去，留给生命一个硕大的黑洞：一生都在与自我抗争，直至输给自我。

这是我第一次写译后记，故选择以最真实的语言面对每一个喜欢梵·高的人。接下来，说说作为一个译者想说的话。首先，我很喜欢这本书。它让我第一次与自己喜欢的艺术家如此贴近。感谢本书的责编李涛，这是我的幸运。其次，这本书让我对“翻译”生出了很多感情。前后四个月时间，工作之余，每天按照计划进行翻译，有时会为一幅画、一个人名，查很多资料，跟朋友反复讨论确认。但是，由于自身知识结构不足，难免在翻译过程中出现各种瑕疵，如能换来直言批评和不吝指教，也是我的幸运。最后，我想感谢好友龚亚男、赵曦在翻译过程中给我的帮助。许多问题上的仔细推敲、反复确认，没有你们，翻译过程中的很多问题便很难得解。感谢好友屈昊对本书的装帧设计提出的建议。谢谢为这本书的出版付出辛劳的每一位朋友，用Don Mclean的那首*Vincent*送给你们，愿夜夜有好梦。

感谢生命中每一个我深爱的人，让我始终愿意将人生变得美好而辽阔。

吕延茜

2015年12月15日

# 画作索引

威廉·鲍威尔·弗里斯：《英国皇家艺术学院私展》，1881年（英国皇家艺术学院）

塞缪尔·卢克·菲尔德斯：《临时收容所的申请者》，1874年（泰特美术馆）

梵·高：《彩票局门前的人群》，1882年（梵·高博物馆）

乔治·豪斯曼·托马斯：《罗敦路》，1862年（私人藏品）

梵·高：《基诺夫人》，1890年（多版本，分别藏于圣保罗艺术博物馆和库勒慕勒美术馆）

梵·高：《割掉耳朵的自画像》，1889年（考陶尔德学院画廊）

梵·高：《盛开的桃花》，1889年（考陶尔德学院画廊）

朱塞佩·德·尼蒂斯：《维多利亚堤岸》，1875年（私人藏品）

乔治·兰伯特：《萨里郡博克斯山即景》，1733年（泰特

美术馆）

G·H·鲍顿：《祝愿一路平安！去往坎特伯雷的朝圣者》，1874年（梵·高博物馆）

梵·高：《椅子》，1888年（国家美术馆）

卢克·菲尔德斯：《空椅子》，1870年（《图画报》插图）

约翰·康斯特勃：《麦田》，1826年（国家美术馆）

梅因德尔特·霍贝玛：《米德尔哈尼斯的林荫道》，1689年（国家美术馆）

梵·高：《日落下的白杨林荫道》，1884年（库勒慕勒美术馆）

梵·高：《纽南附近有白杨树的小路》，1885年（博伊曼斯·范伯宁恩美术馆）

约瑟夫·玛罗德·威廉姆·特纳：《被拖去解体的战舰“无畏”号》，1839年（国家美术馆）

约翰·康斯特勃：《山谷农田》，1835年（泰特美术馆）

约翰·艾弗雷特·米莱斯：《奥菲利亚》，1851至1852年（泰特美术馆）

约翰·艾弗雷特·米莱斯：《西北航道》，1874年（泰特美术馆）

雅姆·蒂索：《甲板舞会》，1874年（泰特美术馆）

威廉·鲍威尔·弗里斯：《德比赛马日》，1858年（泰特美术馆）

约翰·康斯特勃：《麦田》，1817年（泰特美术馆）

阿里·谢弗：《泉边的玛格丽特》，1858年（华莱士收藏馆）

阿里·谢弗：《浪子回头》，1857年（华莱士收藏馆）

伦勃朗画派：《基督与玛利亚及马大》，约1652年（大英博物馆）

梵·高：《靠近阿尔的拉克劳平原》（素描），1888年（大英博物馆）

安德里亚·曼特尼亚：《恺撒的胜利》（九幅组画），1484至1492年（汉普顿宫）

拉斐尔：《拉斐尔组画》，1483至1520年（维多利亚与艾伯特博物馆）

托马斯·庚斯博罗：《伊丽莎白和玛丽·林利》，1772年（达利奇美术馆）

约书亚·雷诺兹：《玛格丽特·莫里斯小姐，即后来的德森凡斯夫人》，1757年（达利奇美术馆）

梵·高：《缠绕着常春藤的树林》，1889年（梵·高博物馆）

梵·高：《灌木丛与常青藤》，1889年（梵·高博物馆）

梵·高：《卧室》，1888年（奥赛博物馆）

# 参考文献

Arnason, H. Harvard, *A History of Modern Art*. London 1986

Artnet.com, (Samuel) Luke Fildes, *Grove Dictionary of Art Artists' Bio- graphies*. 2000, online via http://www.artnet.com/library/02/0282/T028243.asp

*Baedeker's Guide: Great Britain 1890*. Moretonhampstead, Devon 1890

Bailey, Martin, *Van Gogh and Sir Richard Wallace's Pictures.* London 1998

Bailey, Martin, *Young Vincent. The story of Van Gogh's Years in England.*London 1990

Barnes, Alison, 'The First Christmas Tree'. *History Today,* volume 56, Is-sue 12, 2006

Bekhoven, Lia van, *In Londen, Negen wandelingen.* Amsterdam/Antwer-pen 2009

Bottai, Stella, *Four Keats Poems and the Pre-Raphaelite Vision of the Middle Ages*. Victorian web, 2000

Dickens, Charles, *A Christmas Carol and other Christmas Writings*. London 2003

Dickens, Charles, *Dickens's Dictionary of London 1879*. London 1879

Dickens, Charles, *Sketches with Boz, Illustrative of Every-day Life and Every-day People*. London 1836 (Kindle Edition 2012)

Eliot, George, *Scenes of Clerical life*. (reprint) Memphis, Tennessee 2010

*Elsevier* (Special Edition), *Ons Engeland*, July 2012

Flanders, Judith, *The Victorian City, Everyday Life in Dickens' London*. London 2012

Gaunt, William, English Painting. London 1983

Gombrich, E. H., *The Story of Art*. Englewood Cliffs, 15th edition, 1990

Hawksley, Lucinda, *Lizzie Siddal. The Tragedy of a Pre-Raphaelite Supermodel*. London 2004

Jackson, Lee, www.victorianlondon.org

Kaldenbach, K. & Didier, M., *Pelgrimstocht door het leven. Reizen in de voetsporen van Vincent van Gogh*. Amsterdam 1990

Longfellow, Henry Wadsworth, *Tales of a Wayside Inn*. Boston 1863 (Kindle Edition)

Luijten, H. & Jansen, L., 'Als klimop tegen de muren. De

grenzen bij het annoteren van de correspondentie van Vincent van Gogh.' In: *Centrum voor teksteditie en bronnenstudie*. Koninklijke Academie voor Taal- en Letterkunde, 2003. See: http://ctb.kantl.be/pub/epistolaria/luijtenjansen.htm

Mannings, David, & Postle, Martin, *Sir Joshua Reynolds. A complete catalogue of his paintings*. London 2000

Müller, George J., 'Het Album van Pandora van Jan Six (1618-1700)'. In: *Jaarboek van het Genootschap Amstelodamum*, 76 (1984), pp. 69-101

*Murray's Modern London* 1860. Moretonhampstead Devon 2003

Naifeh, Steven, & White Smith, Gregory, Vincent van Gogh de biografie. Amsterdam 2011

Naifeh, Steven, & White Smith, Gregory, *Van Gogh the Life*, New York 2011

Paxman, Jeremy, *The Victorians, Britain through the Paintings of the Age*. London 2009

Picard, Liza, Victorian London. The Life of a City 1840-1870. London 2005

Pickvance, Ronald, English Influences on Vincent van Gogh. Nottingham 1974

Royalton-Kisch, M., *Catalogue of Drawings by Rembrandt and His School*. Anonymous

Rembrandt School, cat. no. 112, London 2010

Sluyterman, Keetie E., *Kerk in de City, 450 jaar Nederlandse Kerk Austin Friars in Londen*. Hilversum 2000

*Stanford's Library Maps of London and its Suburbs 1863*. Moretonhampstead, Devon 2007

Stolwijk, C. & Thomson, R., *Theo van Gogh,1875-1891*. Amsterdam/ Zwolle 1999

Tomalin, Claire, Charles Dickens, a Life. London 2011

*Van Gogh the Letters,* http://www.vangoghletters.org/vg/

*Verzamelde brieven van Vincent van Gogh, uitgegeven en toegelicht door zijn schoonzuster J. van Gogh-Bonger, januari 1914*. Volume 1. Amsterdam-Antwerpen 1974

Warner, Susan (Elizabeth Wetherell), *The Wide, Wide World.* Kindle edition 1850

Waterhouse, A.K., *Gainsborough.* London 1966

Wessels, Anton, *Het evangelie van Vincent van Gogh.* Kampen 2009

White, Jerry, *London in the 19th century.* London 2007

Wilson, A.N., *The Victorians.* London 2002

Winn, Christopher, *I Never Knew That About London.* London 2007

Websites of all museums mentioned.

•梵·高的“卧室”（涂色页）

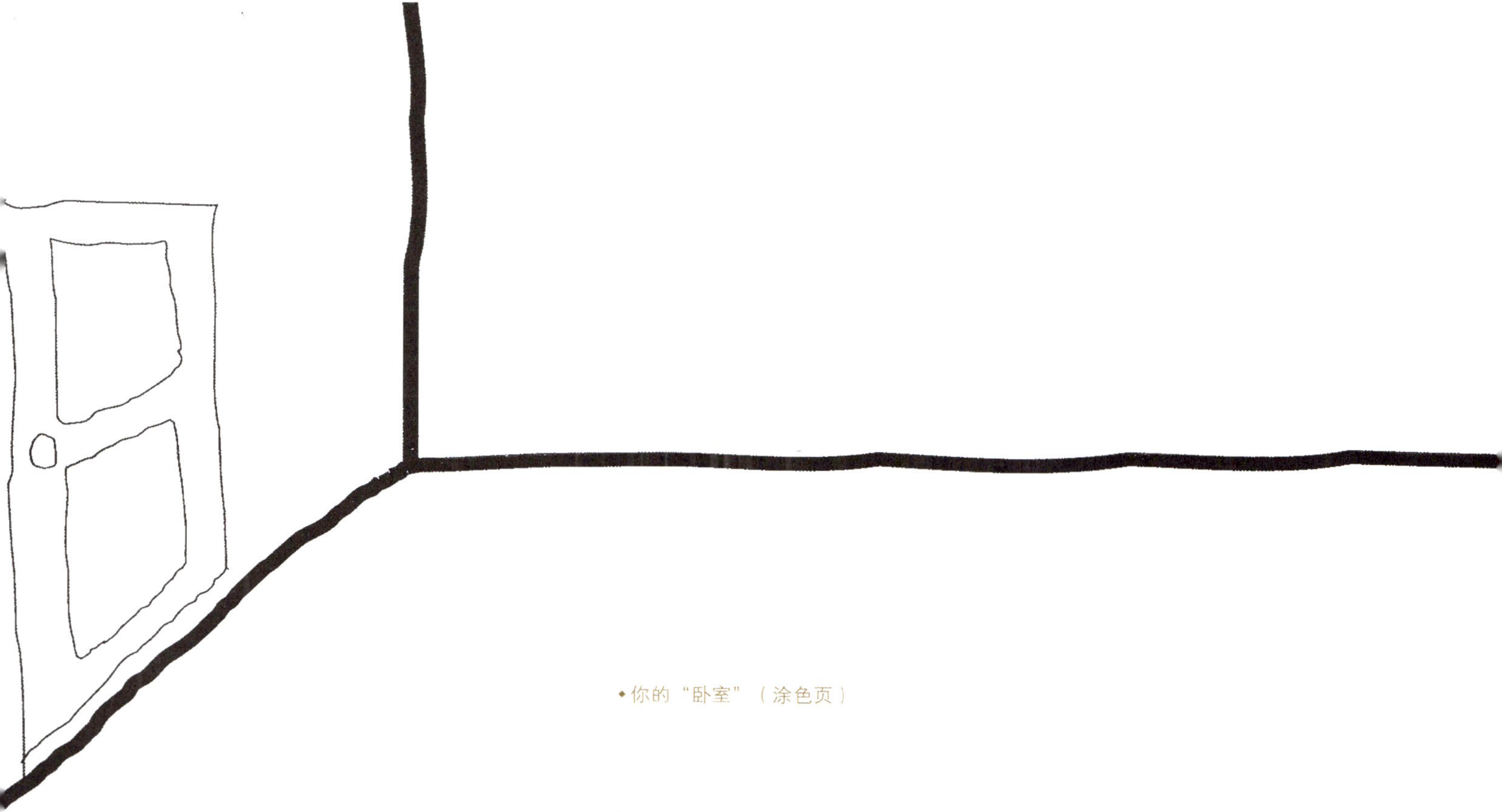

◆你的“卧室”（涂色页）